MANUEL
DES
AUTEURS PHILOSOPHIQUES
PAR DEMANDES ET PAR RÉPONSES
A L'USAGE
DES CANDIDATS AU BACCALAURÉAT
DE L'ENSEIGNEMENT SECONDAIRE CLASSIQUE
(DEUXIÈME PARTIE). — LETTRES-PHILOSOPHIE

Rédigé conformément au Programme de 1890

Par F. TEMPESTINI

Professeur de philosophie

SIXIÈME ÉDITION

PARIS
LIBRAIRIE CROVILLE-MORANT
RUE DE LA SORBONNE, 20, en face de la Sorbonne.

1893

MANUEL

DES

AUTEURS PHILOSOPHIQUES

Par Demandes et par Réponses

CHARLEVILLE, TYP. A. ANCIAUX, RUE DE CLÈVES, 18.

MANUEL
DES
AUTEURS PHILOSOPHIQUES
PAR DEMANDES ET PAR RÉPONSES

A L'USAGE

DES CANDIDATS AU BACCALAURÉAT

DE L'ENSEIGNEMENT SECONDAIRE CLASSIQUE

(DEUXIÈME PARTIE). — LETTRES-PHILOSOPHIE

Rédigé conformément au Programme de 1890

PAR

Par F. TEMPESTINI

Professeur de philosophie

SIXIÈME ÉDITION

PARIS

LIBRAIRIE CROVILLE-MORANT

20, Rue de la Sorbonne, 20.

OUVRAGES DU MÊME AUTEUR

Manuels par demandes et par réponses :
- — d'histoire de France de 395 à 1270.. 1 fr.
- — d'histoire de France, de 1270 à 1610. 1
- — d'histoire de France, de 1610 à 1789. 1
- — d'histoire de France, de 1789 à nos jours 1
- — de géographie.................... 1
- — d'histoire de la littérature française.. 1
- — d'histoire des littératures grecque et latine........................ 1
- — des auteurs littéraires 1 25
- — de philosophie 1
- — d'histoire de la philosophie......... 1
- — des auteurs philosophiques......... 1
- — de composition latine.............. 1
- — de sciences physiques 1
- — de chimie et d'histoire naturelle 1

AVERTISSEMENT

Une longue expérience a convaincu l'auteur que les livres par demandes et par réponses sont encore ceux que les élèves comprennent et retiennent le mieux. C'est ce qui l'a décidé à faire, pour les auteurs philosophiques, ce qu'il a fait pour la philosophie, les auteurs littéraires et l'histoire de France, et pour les autres manuels qui ont suivi. Il espère que cette nouvelle édition, revue et classée d'après les nouveaux programmes, sera accueillie par les candidats avec la même faveur que les autres : son seul souci a été de leur être utile. Puisse-t-il avoir réussi !

F. T.

DESCARTES.

DISCOURS SUR LA MÉTHODE.

1. — Dites un mot de Descartes ?

Né à La Haye, en Touraine, en 1596, Descartes porta d'abord les armes ; voyagea longtemps ; se retira en Hollande, puis en Suède, auprès de la reine Christine, et y mourut en 1650.

2. — Quel est le but du *Discours de la méthode* ?

D'indiquer la marche à suivre dans l'étude de la philosophie et des autres sciences.

3. — En combien de parties se divise-t-il ?

En six parties, comme Descartes le dit lui-même.

4. — Analysez la première partie ?

1° Il pose en principe que tous les hommes sont égaux par les dons de l'intelligence et qu'ils ne diffèrent que par la méthode ; 2° les contradictions des livres et des maîtres l'ont conduit à laisser là les uns et les autres et à voyager ; 3° dans ses voyages il a trouvé dans les mœurs et les opinions des hommes autant de diversité que chez les philosophes ; 4° il a pris un beau jour la résolution d'étudier en soi-même et de reconstruire l'édifice de la philosophie au moyen d'un doute, qu'il appelle *doute méthodique*.

5. — Analysez la deuxième partie ?

Elle contient les principales règles de sa

méthode, au nombre de quatre : 1° ne recevoir jamais aucune chose pour vraie, qu'elle ne paraisse évidemment telle ; 2° diviser chacune des difficultés en autant de parcelles qu'il se peut et qu'il est requis, pour les mieux résoudre ; 3° conduire par ordre ses pensées en commençant par les objets les plus simples et les plus aisés à connaître ; 4° faire partout des dénombrements aussi entiers que possible.

6. — Analysez la troisième partie ?

Elle contient les maximes que Descartes s'était prescrites, jusqu'à ce qu'il eût formé scientifiquement sa morale. C'est 1° de garder la religion dans laquelle il est né, et de se conformer aux idées, aux coutumes de son pays, et aux opinions des plus sages, sans engager pourtant sa liberté ; 2° de demeurer ferme au plan de vie qu'il se serait tracé (exemple d'un voyageur égaré dans une forêt) ; 3° de se persuader qu'on peut rester maître de soi et non de la fortune, en sorte qu'il n'y a rien qui soit entièrement en notre pouvoir que nos pensées ; 4° il en conclut que la plus noble profession qu'on puisse exercer sur la terre, c'est la culture de sa raison.

7. — Analysez la quatrième partie ?

Cette partie contient le point de départ de sa métaphysique, ainsi que les preuves de l'existence de Dieu et de l'univers : 1° contre toutes les connaissances humaines il est possible d'élever des doutes ; mais le doute lui-même est une pensée d'une observation incontestable ; celui qui pense existe ; de là le fameux enthymême : *Cogito, ergo sum*; 2° il a l'idée de la perfection, puisqu'il sent bien que le doute est une imperfection ; cette idée, elle ne peut lui venir ni du néant, ni de lui-même ; donc Dieu existe ; 3° il a une tendance invincible à croire au témoignage de ses sens, qui lui assurent l'existence de l'univers ; or cette tendance lui est donnée par Dieu, souverainement véridique ; donc l'univers existe.

8. — Analysez la cinquième partie ?

Cette partie comprend un certain nombre de questions de physique et d'histoire naturelle. 1° Etant données la matière sous forme de chaos et les lois mécaniques de la nature, telles qu'elles résultent des perfections divines, l'univers serait devenu avec le temps ce que nous le voyons aujourd'hui ; 2° étude de la lumière et ses merveilleux effets ; 3° description des corps inanimés, des plantes, des animaux ; 4° enfin analyse spéciale des mouvements du cœur et de la circulation du sang, qui venait d'être découverte par Harvey en 1619.

9. — Analysez la sixième partie ?

Cette partie traite des choses requises pour aller plus avant dans la recherche de la vérité : 1° Descartes a tâché de trouver les causes premières de tout ce qui est ou peut être dans le monde ; 2° il a examiné quels étaient les premiers et plus ordinaires effets qu'on vouvait déduire de ces causes ; 3° il n'est guère possible d'aller plus loin ; alors il faut remonter aux causes en étudiant les effets particuliers. C'est ainsi qu'à la méthode déductive il joint la méthode expérimentale ; 4° il termine en revenant sur les motifs qui lui ont fait publier son livre.

10. — Quelle a été l'influence du *Discours sur la méthode?*

Immense. La logique et la métaphysique de Descartes ont pu être attaquées, et même abandonnées ; sa méthode est devenue la règle universelle : *l'école a pu passer*, a dit M. Cousin, *mais le mouvement reste.*

DESCARTES

LES PRINCIPES DE LA PHILOSOPHIE

11. — Quel est le but général des *Principes?*

C'est un véritable traité de métaphysique dans lequel, reprenant en sous-œuvre les différentes parties de son *Discours sur la méthode* et de ses *Méditations*, il les approfondit, les développe et les explique.

12. — Quelles sont les questions qu'il traite ?

1° Le doute méthodique, qui l'amène à constater la première vérité *Cogito, ergo sum*; 2° sa théorie de la certitude appuyée sur l'évidence et la véracité divine ; 3° la théorie de l'erreur ; 4° la clarté et la distinction des idées et la classification des connaissances ;

5° de la substance, des attributs et des universaux ; 6° enfin quelques observations sur les sentiments.

13. — Parlez du doute méthodique?

1° A l'exception des vérités religieuses et pratiques, tous nos jugements, tant objectifs que subjectifs, sont douteux, car comme nous nous trompons quelquefois, rien ne nous dit que nous ne nous trompons pas toujours ; 2° mais ce doute est un fait de conscience qui suppose l'existence ; on peut donc dire : *Cogito, ergo sum*, ce qui est moins un raisonnement qu'une simple affirmation.

14. — Quelle est la théorie de la certitude?

Il y a deux questions : nos jugements sont-ils objectifs? nos conclusions sont-elles vraies? 1° pour répondre à la première, Descartes fait observer que nous avons une tendance invincible à croire à cette objectivité ; or cette tendance nous vient de Dieu, qui ne peut nous tromper ; 2° Dieu étant le fondement de la certitude, il en prouve l'existence par quatre preuves : d'abord j'ai l'idée de la perfection, donc la perfection existe ; ensuite, on ne peut avoir l'idée et l'image d'une chose qui n'existe pas en original ; or, j'ai l'idée de Dieu ; en troisième lieu : je ne me suis pas fait moi-même, donc etc.; enfin notre existence est composée d'instants qui ne sont pas solidaires et qui supposent une puissance créatrice ; 2° la seconde question est résolue de la même manière : Dieu ne peut nous tromper, donc l'instrument qu'il nous a donné est véridique et l'on peut croire à ses conclusions?

15. — Quelle est la théorie de l'erreur?

1° L'erreur ne vient pas de Dieu : c'est une pure négation; ni d'une faculté générale : c'est une privation; enfin elle ne porte que sur les jugements; 2° l'erreur vient de la volonté qui, étant plus étendue que l'intelligence, l'oblige à affirmer ce qu'elle ne voit pas clairement; 3° il y a d'autres causes d'erreurs, les préjugés, la difficulté de nous en débarrasser, la fatigue d'une attention soutenue, la confusion des termes du langage.

16. — Que dit Descartes des idées et de leur classification?

1° Que la clarté et la distinction sont une marque infaillible de la vérité : c'est avec des idées claires et distinctes que l'on fait des sciences; 2° les idées se divisent en deux classes : celles qui représentent quelque chose de général et qui peuvent s'appliquer à tout ce qui est particulier; celles qui représentent toutes les vérités qui ne sont rien hors de notre pensée (notions communes du XVII° siècle); 3° de ce nombre sont les vérités suivantes : *on ne peut faire quelque chose de rien; ce qui a été fait ne peut pas ne pas avoir été fait; celui qui pense ne peut manquer d'exister pendant qu'il pense*, etc.

17. — Que dit-il de la substance, des attributs, etc.?

1° Il définit la substance, *ce qui peut exister de façon à n'avoir besoin que de soi pour exister*; définition ambiguë d'où Spinosa a tiré le panthéisme; 2° la substance se manifeste par ses propriétés : l'âme par les conceptions, les imaginations, les volontés; le corps, par la figure, le mouvement, la disposition; la pensée caractérise la substance spirituelle; l'étendue, la substance matérielle; 3° les qualités ou attributs sont dans les choses elles-mêmes ou seulement dans notre esprit, comme le temps et les idées générales, ce sont ces dernières qu'on appelle universaux.

18. — Que dit Descartes des sentiments?

1° L'union de l'âme et du corps est une source d'obscurité, de confusion et d'erreurs; 2° nous avons de nos sentiments une connaissance claire; aussi sommes-nous dans le vrai quand nous nous bornons à affirmer que nous éprouvons du plaisir et de la douleur; 3° mais comme tous ces faits sont aussi fonctions du corps, ils sont obscurs et indistincts; nous ne pouvons pas dire que les couleurs, les sons, les saveurs, etc., sont hors de nous : les sentiments (sensations) ne sont qu'un système défini de mouvements.

MALEBRANCHE
RECHERCHE DE LA VÉRITÉ : DE L'IMAGINATION.

19. — Dites un mot de Malebranche?

Le Platon chrétien naquit en 1638 et

mourut en 1715, fût prêtre de l'Oratoire et professeur de philosophie au collège de Juilly qui est encore plein de son souvenir. On a de lui *la Recherche de la vérité*.

20. — Quel est l'objet du second livre ?

Divisé en trois parties, il traite dans la première des causes physiques du dérèglement de l'imagination ; dans le deuxième, il présente quelques applications de ces causes d'erreur ; dans le troisième, il s'occupe de la communication contagieuse des imaginations fortes.

21. — Que contient la première partie ?

1° La nature de l'imagination et la différence entre elle et les sens ; 2° les différentes causes physiques qui peuvent faire varier l'imagination et l'induire en erreur.

22. — Qu'est-ce que l'imagination ?

C'est la puissance qu'a l'âme de se former les images des objets en produisant des changements dans les fibres qui, de la surface, aboutissent au cerveau. La formation des images dépend donc à la fois de l'âme et du corps.

23. — Quelle différence entre l'imagination et les sens ?

Les sens (sensations) sont produits par les impressions qui viennent du dehors : l'imagination vient de ces mêmes impressions qui ont lieu au dedans. C'est donc le mouvement initial qui commence à l'extérieur ou à l'intérieur qui constitue la différence des sens et de l'imagination.

24. — Comment s'opèrent ces mouvements ?

Par les esprits animaux qui servent, en courant le long de ces fibres, soit à transmettre les impressions du dehors qui produisent les sensations, soit à ébranler ces mêmes fibres dans la partie du cerveau où elles aboutissent et produisent les images.

25. — Quelles causes font varier les esprits.

Ce sont : 1° les aliments que l'on mange et les boissons que l'on boit, l'air que l'on respire, causes sur lesquelles notre volonté a quelque action ; 2° les différents mouvements des nerfs au cœur, aux poumons, au foie et aux autres viscères, sur lesquels nous n'en avons aucune.

26. — Comment cela est-il possible ?

Parce que ces esprits, par leur action sur les fibres, impriment sur le cerveau des traces plus ou moins profondes, qui, du reste, ont des relations entre elles, ce qui fait que l'imagination, agissant sur ces fibres, ravive ces traces, et, par là, réveille, pour ainsi dire, l'impression et l'objet qui l'a produite.

27. — D'où viennent les erreurs de l'imagination ?

Elles viennent précisément de la profondeur de ces traces sur le cerveau. Quand elles sont plus profondes qu'il ne convient, l'imagination les réveille en les changeant, et comme elle-même se modifie sans cesse, les traces se modifient dans la même proportion et produisent des images qui ne ressemblent plus à leur modèle.

28. — N'y a-t-il pas de causes morales?

Oui : 1° l'influence de l'imagination de la mère sur l'enfant qu'elle porte dans son sein; 2° l'influence des personnes qui entourent l'enfant quand il vient au monde.

29. — Toutes les imaginations ont-elles les mêmes erreurs?

Non, toutes les imaginations varient suivant les personnes et suivant les âges. C'es ce qui explique les différents jugements des hommes sur les mêmes objets.

30. — Que contient la deuxième partie?

1° Les différentes espèces d'imagination; 2° les causes morales des erreurs d'imagination; 3° les erreurs propres à certains esprits.

31. — Quelles sont les différentes espèces d'imagination?

1° L'imagination des femmes, à qui la délicatesse des fibres du cerveau donne une grande puissance d'intelligence pour juger de tout ce qui se rapporte aux sens; 2° l'imagination des hommes, dont les fibres du cerveau sont plus solides, plus consistantes; ce qui fait la consistance et la solidité de leurs erreurs; 2° l'imagination des vieillards, dont l'entêtement tient à l'inflexibilité des fibres de leur cerveau.

32. — Quelles sont les causes morales de nos erreurs?

1° L'habitude, les conditions des hommes,

le rôle qu'ils jouent, les fait sans cesse revenir sur les mêmes pensées; les traces sont plus profondes; elles se touchent, se confondent; les images sont déformées, et par conséquent, erronées ; 2° l'application à l'étude, car on parvient souvent à devenir exclusif, et si l'on se trompe, on s'entête dans son erreur; 3° la lecture, non pas des romans, mais des anciens, parce qu'on entre dans leurs erreurs et que, par respect pour eux, on ne veut pas les corriger; 4° l'engouement qu'on a pour un auteur en particulier, dont on admire jusqu'aux sottises.

33. — Quelles sont les erreurs propres à certains esprits?

1° Les commentateurs, qui s'imaginent que leur auteur mérite l'estime du genre humain ; 2° les inventeurs, qui se figurent que tout ce qu'on a fait avant eux est sans valeur et qu'ils sont les seuls utiles ; 3° les esprits efféminés, qui ne cherchent pas la vérité; 4° les personnes d'autorité, qui se figurent être infaillibles; 5° enfin, les expérimentateurs, qui ne voient que leurs expériences et n'y cherchent que la confirmation d'idées préconçues.

34. — Que contient la troisième partie?

1° On y montre que les imaginations fortes sont les plus contagieuses; 2° on donne des exemples de cette contagion; 3° on rappelle la force d'imagination de certains auteurs; 4° enfin, on parle de quelques résultats ridicules de l'imagination.

35. — Quelle est l'influence contagieuse des imaginations fortes?

Les imaginations fortes sont celles dont les impressions cérébrales sont les plus profondes ; elles font de l'effet sur les autres : 1° parce que nous avons une disposition naturelle à estimer, admirer et imiter ceux qui sont grands et élevés ; 2° par l'influence que les forts ont naturellement sur les faibles.

36. — Donnez des exemples de cette contagion?

1° Les enfants à l'égard de leurs parents, de leurs maîtres, et en général de tout ce qui leur est supérieur ; 2° Alexandre, Denys-le Tyran, etc., qui ont eu une si grande influence sur leurs sujets ; 3° certains usages, comme en Éthiopie, où on se mutilait quand le prince était mutilé.

37. — Quels sont les auteurs à forte imagination?

1° Tertullien, qui avait plus de mémoire que de jugement, plus de présomption et d'étendue d'imagination que de pénétration et d'étendue d'esprit ; 2° Sénèque, dans lequel il faut distinguer la force et la beauté des paroles, de la force et de l'évidence des raisons ; 3° Montaigne, qui n'a point de principes pour fonder ses raisonnements, point d'ordre pour faire les déductions de ses preuves, mais qui néanmoins persuade, par le tour qu'il donne à ses idées.

38. — Quelles sont les erreurs ridicules dues à l'imagination?

Les sorciers, les sabbats, les loups-garous, les génies, les fées et tous les êtres fantastiques dont l'imagination faible des hommes peuple la terre; enfin, les superstitions de toute espèce par lesquelles les peuples ont dénaturé la vérité.

PASCAL.

DE L'AUTORITÉ EN MATIÈRE DE PHILOSOPHIE.

39. — Dites un mot de Pascal?

Né à Clermont-Ferrand en 1623, Blaise Pascal révéla de bonne heure une intelligence précoce. A 12 ans il arrivait sans maître à la 32e proposition d'Euclide ; à 16, il publiait un traité *des sections coniques;* plus tard, il inventait la machine à calculer, le haquet, la brouette, la presse hydraulique, etc. Sa santé le força à se retirer à Port-Royal-des-Champs, où il mourut en 1662. Ses ouvrages sont les *Lettres provinciales,* les *Pensées,* et ceux que nous analysons ici.

40. — Quel est le but de l'ouvrage *De l'Autorité, etc.* ?

De réagir contre l'opinion qui basait toute science sur la parole du maître et sur le témoignage des anciens.

41. — Pour arriver à ce but, comment Pascal divise-t-il les sciences?

En deux classes : 1° les sciences historiques, d'institution humaine ou divine, telles que l'histoire, la géographie, les langues, la théologie ; 2° les sciences qui s'appuient sur le témoignage des sens ou sur la raison.

42. — Quelle est la part de l'autorité dans ces sciences ?

Il est évident que les premières ne peuvent être connues et étudiées que par les livres et par le témoignage ; mais pour les secondes, l'autorité n'y a rien à voir. Les anciens ont ébauché les sciences physiques ; nous les laisserons moins imparfaites que nous les avons reçues.

43. — Par quelle comparaison met-il en lumière cette vérité ?

« *L'humanité*, dit-il, *est comme le même homme qui subsiste toujours en apprenant continuellement.* » La vieillesse, pour un tel homme, c'est le temps présent, et non les temps passés.

44. — Quelle est la conclusion de Pascal ?

C'est que, quelque force qu'ait l'antiquité, la vérité doit toujours en avoir davantage. C'est ignorer la nature que de croire qu'elle a commencé d'être au temps qu'elle a commencé d'être connue.

RÉFLEXIONS SUR LA GÉOMÉTRIE EN GÉNÉRAL.

45. — Quel est le but de ce petit opuscule ?

Cet opuscule, ainsi que celui qui est intitulé *l'Art de persuader*, avait pour but d'exposer les principales règles de la méthode.

46. — Sur quoi roulent les réflexions de Pascal?

Sur l'art de démontrer la vérité, quand on l'a trouvée, et de la discerner du faux.

47. — Combien l'art de démontrer comprend-il de points?

Deux : 1° prouver chaque proposition en particulier; 2° disposer toutes les propositions dans le meilleur ordre.

48. — Que faut-il pour prouver une proposition?

Deux choses : n'employer aucun terme dont on n'ait pas auparavant expliqué nettement le sens; 2° n'avancer aucune proposition qu'on ne démontre par des vérités déjà connues.

49. — Comment explique-t-on le sens des mots?

Par la définition. La définition des mots est la seule en usage en géométrie.

50. — Faut-il définir tous les mots?

Non, le langage renferme des mots primitifs qu'on ne doit et qu'on ne peut définir, tels que *espace, temps, mouvement, égalité*.

51. — Toute proposition est-elle à démontrer?

Pas davantage. Il y a des principes si clairs, qu'on n'en trouve plus qui le soient davantage pour servir à leur preuve.

52. — Quelle réflexion fait à ce sujet Pascal?

Il propose la pratique des géomètres aux philosophes qui s'épuisent pour définir des termes clairs, ou pour démontrer des maximes qui sont au-dessus de la démonstration.

53. — Quelle digression termine cet opuscule?

Une longue digression sur la divisibilité de la matière à l'infini, problème subtil qui partageait et partage encore les philosophes, et de laquelle Pascal tire une leçon de morale pour l'homme : il apprend à se connaître, en se trouvant placé entre l'infini et le néant.

DE L'ART DE PERSUADER.

54. — Quel est le point de départ de ce petit traité?

Que les opinions s'insinuent dans l'âme par deux entrées : l'entendement et la volonté, desquelles, la première est la plus naturelle, et la seconde, la plus ordinaire.

55. — Quelles conclusions en tire tout d'abord Pascal?

1º Que le philosophe ou l'orateur, quoi que ce soit qu'il veuille persuader, doit avoir égard à la personne à laquelle il s'adresse, c'est-à-dire connaître son esprit et son cœur; puisque c'est par ces deux portes que la persuasion entrera dans son âme ; 2º que l'art de persuader consiste autant à *agréer*, qu'à *convaincre*.

56. — Y a-t-il des règles pour agréer ou plaire ?

Oui, sans doute, mais elles varient suivant le sexe, la position, les goûts, etc., ce qui fait qu'on ne peut en faire proprement un corps de doctrine.

57. — Y a-t-il des règles pour convaincre ?

Oui. Quelques-unes ont été signalées dans les réflexions sur la géométrie. Elles regardent : 1° les définitions ; 2° les axiomes ; 3° les démonstrations.

58. — Quelles sont les règles pour les définitions :

1° N'entreprendre de définir aucune des choses tellement connues d'elles-mêmes, qu'on n'ait point de termes plus clairs pour les expliquer ; 2° n'émettre aucun terme un peu obscur ou équivoque sans définition : 3° n'employer dans la définition que des termes connus ou déjà expliqués.

59. — Quelles sont les règles pour les axiomes ?

1° N'émettre aucun des principes nécessaires, sans avoir demandé si on l'accorde ; 2° ne demander, en axiomes, que des choses parfaitement évidentes d'elles-mêmes.

60. — Quelles sont les règles pour les démonstrations ?

1° N'entreprendre de prouver aucune des choses qui sont évidentes par elles-mêmes ; 2° prouver toute proposition un peu obscure, et n'employer à sa preuve que des axiomes évidents, ou des propositions déjà démontrées ; 3° substituer toujours mentalement les définitions à la place des définis, pour éviter l'équivoque des termes.

61. — Par quelle réflexion termine Pascal ?

Par cette pensée, que ce qui éloigne le plus du véritable chemin, c'est l'imagination qu'on prend d'abord que les bonnes choses sont inaccessibles, en leur donnant le nom de *grandes, hautes, sublimes.* » *Je voudrais,* dit-il, *les appeler basses, communes, familières : je hais ces mots d'enflure.* »

ENTRETIEN DE PASCAL AVEC M. DE SACY.

62. — A quelle époque eut lieu cet entretien ?

Quand Pascal se retira à Port-Royal, dont M. de Sacy était directeur, c'est-à-dire en 1655.

63. — Sur quoi roule cet entretien ?

Sur Epictète et sur Montaigne, les deux auteurs favoris de Pascal.

64. — Que dit Pascal d'Epictète ?

Que c'est le philosophe du monde qui a le mieux connu les devoirs de l'homme.

65. — Que lui reproche-t-il ?

Une superbe diabolique; c'est-à-dire d'avoir cru que l'homme pouvait trouver en lui-même le moyen de s'acquitter de tous ses devoirs.

66. — Que dit Pascal de Montaigne ?

Qu'il met toutes choses, en dehors de la révélation, dans un doute universel et si général qu'il atteint son doute lui-même, en sorte que sur tout il ne sait que dire en dernière analyse : *Que sais-je ?*

67. — Que lui reproche-t-il ?

De déprimer l'homme au point de ne laisser subsister aucune de ses croyances les plus invincibles.

68. — Quelle est, suivant Pascal, la source des erreurs d'Epictète et de Montaigne ?

De n'avoir pas su que l'état de l'homme à présent diffère de celui de sa création. Le premier y a vu quelques traces de grandeur, et il en a parlé comme s'il n'avait pas besoin de réparation ; le second n'apercevant que la misère présente de l'homme, regarde sa nature comme infirme et irréparable, ce qui le précipite dans le doute et le désespoir.

69. — Quelle utilité morale peut avoir la lecture d'Epictète et de Montaigne ?

1° Epictète, selon Pascal, est incomparable pour troubler le repos de ceux qui le cherchent dans les choses extérieures, et les forcer à se donner à Dieu ; Montaigne est incomparable pour confondre l'orgueil de ceux qui, hors la foi, se piquent d'une véritable justice, et qui croient trouver dans les sciences des vérités inébranlables ; 2° Epictête combat la paresse, mais il mène à l'orgueil ; Montaigne combat l'orgueil, mais il favorise l'impiété et les vices.

LEIBNITZ.

NOUVEAUX ESSAIS SUR L'ENTENDEMENT HUMAIN.

70. — Quel est le but de cet ouvrage?

C'est en quelque sorte une réfutation des *Essais* sur l'entendement de Locke. Il est vrai que Leibnitz le présente comme une collection de *remarques*, mais il est évident qu'il a sur l'entendement des idées tout à fait opposées à celles du philosophe sensualiste.

71. — Sous quelle forme se présente ce livre ?

Sous la forme d'un dialogue : *Philalèthe*, revenant d'Angleterre, va faire visite à son ami *Théophile*. Il est tout naturel qu'ils parlent philosophie et de l'ouvrage récent de Locke, *Essais sur l'entendement*, ce qui justifie les *Nouveaux Essais*.

72. — Comment se divise cet ouvrage ?

En quatre livres. Le premier traite des notions innées ; le second des idées ; le troisième des mots ; et le quatrième de la connaissance.

73. — Analyser le premier livre ?

1° Il y a des principes innés dans l'esprit humain dont on se sert, comme on se sert des muscles et des tendons ; les philosophes les connaissent et les formulent ; le vulgaire les ignore tout en les employant ; 2° il n'y a point de principes de pratique qui soient innés. Ces principes nous viennent par l'expérience.

74. — Que contient le second chapitre ?

De nombreuses réflexions sur les idées, parmi lesquelles on peut remarquer : 1° les idées simples qui viennent par un ou plusieurs sens ; 2° celles qui viennent par sensation ou par réflexion ; 3° quelques idées particulières, comme celle d'espace, de durée, de nombre, d'infinité, etc. ; 4° les idées complexes, collectives ou de relation ; 5° les idées claires ou obscures, distinctes ou confuses, réelles ou imaginaires, complètes ou incomplètes, vraies ou fausses ; 6° il finit par quelques mots sur l'association des idées.

75. — Que renferme le troisième livre ?

Des considérations sur les mots et le langage en général : 1° les mots généraux qui expriment les idées dont il a été parlé dans le chapitre précédent ; 2° les particules et leur usage ; 3° les mots abstraits et concrets ; 4° enfin les imperfections et les abus de mots et le moyen d'y remédier qui sont d'attacher toujours une idée aux mots qu'on emploie, de les déterminer autant que possible, et de n'employer que des mots consacrés par l'usage.

76. — Faites connaître le quatrième livre ?

Il traite de la connaissance : 1° de la connaissance en général, de ses degrés, de son étendue, et de sa réalité; 2° de la vérité et de la certitude soit des propositions universelles, soit des propositions qu'on nomme maximes ou axiomes, soit des propositions frivoles; 3° de quelques connaissances en particulier, celle de notre existence, celle de Dieu, celle des autres choses; 4° des différentes formes que prend la connaissance, jugement, probabilité, foi, enthousiasme, erreur; 5° il se termine par une classification des sciences que Leibnitz divise en trois espèces : les choses elles-mêmes (la nature, les esprits, Dieu et les anges), qu'il appelle *Physique* ; l'homme comme agent tendant à sa fin, ou *Morale (Philosophie pratique)* ; enfin les moyens d'acquérir et de communiquer la connaissance ou *logique*.

MONADOLOGIE

77. — Quel est le but poursuivi par Leibnitz ?

Approfondir les principes et rendre raison des choses.

78. — Quels sont les principes qu'il pose ?

1° Le principe de raison suffisante : *tout a sa raison d'être;* 2° le principe de continuité : *la nature ne fait pas de sauts;* 3° le principe des indiscernables : *deux choses individuelles ne sauroient être parfaitement semblables* (il y a entre elle une différence qualitative intrinsèque).

79. — Comment explique-t-il les choses ?

Par la théorie des monades, dont les différents points de la doctrine de Leibnitz sont la conséquence, savoir : l'harmonie préétablie, l'optimisme, le déterminisme.

80. — Qu'est-ce que la monade ?

Une substance simple, c'est-à-dire, une force active et une qui n'a ni étendue, ni figure, ni divisibilité possible. Elle se distingue des *atomes* d'Épicure, qui étaient les derniers éléments de la matière, et par conséquent matière eux-mêmes.

81. — Quelles sont les qualités des monades ?

Leibnitz leur en attribue trois : 1° un principe interne *d'activité* qui les fait varier sans cesse ; 2° un principe de *spécification* ou *schema*, qui détermine leur individualité ; 3° un principe *d'appétence*, qui les fait passer d'un état dans un autre sans leur enlever leur unité radicale.

82. — Expliquez le premier principe ?

Toute monade qui n'est pas infinie, n'implique pas l'immutabilité. Comme finie, elle doit être sujette au changement. En effet, l'univers est soumis à une loi de variation ; or il ne pourrait pas exister de changement dans les agrégations du monde, sans un changement préexistant dans les monades elles-mêmes. D'ailleurs le principe de ces variations est interne, car la monade, par cela qu'elle est sans parties, ne peut être modifiée par l'action d'une autre monade.

83. — Est-ce ainsi que le comprenait Descartes ?

Non ; il explique les changements de l'univers par une cause *mécanique;* Leibnitz n'y voyait qu'une cause *dynamique.*

84. — Expliquez le deuxième principe ?

Non-seulement chaque monade a des qualités, sans cela elle ne serait pas ; mais les qualités de chaque monade doivent avoir un caractère qui la différencie des autres. Sans ce caractère différenciel, il n'y aurait ni composé, ni composant et l'univers s'évanouirait.

85. — Est-ce la manière de voir de Descartes ?

Non. Pour lui l'essence de la matière, qui est l'étendue est *identique* dans tous les corps, et leur différence vient des lois générales du mouvement qui produisent diverses combinaisons dans cette étendue.

86. — Expliquez le troisième principe ?

La monade doit impliquer la multiplicité dans l'unité. Tout changement ne s'opère que par degré ; quelque chose change, quelque chose demeure. Donc toute substance simple, par cela même qu'elle est sujette au changement, renferme en elle-même une pluralité d'affections, de modifications, de situations, c'est-à-dire, le multiple dans l'unité.

87. — Combien y a-t-il de sortes de monades ?

Deux sortes : les monades à perceptions simples ou encore confuses, et les monades à perceptions claires et distinctes. Les premières sont comme *des âmes frappées de stupeur* ; les secondes se subdivisent encore, car l'état d'aperception a lui-même deux degrés : on peut distinguer seulement les simples faits correspondants à ce qu'on appelle les sensations ; tel est l'état des animaux. On peut joindre à cette connaissance, la connaissance distincte des vérités de raison ; tel est l'état propre de l'homme.

88. — Quel est la loi des perceptions ?

Une loi d'union. 1° Une perception ne peut naître que d'une perception ; le changement actuel de la monade est une suite du changement antérieur et il est le germe d'un changement futur ; 2° la monade étant représentative de la variété dans l'unité, cette représentation, à la fois une et multiple, implique la liaison intime des perceptions.

89. — Comment se lient les perceptions ?

1° Les perceptions distinctes des choses sensibles sont liées entre elles par la mémoire qui est une imitation de la raison ; 2° les perceptions rationnelles sont liées par deux principes supérieurs, le principe de raison suffisante et celui de contradiction.

90. — Appliquez le principe de raison suffisante ?

Par ce principe nous jugeons qu'aucun fait ne peut avoir lieu sans qu'il y ait une raison suffisante pour qu'il soit de telle manière plutôt que de telle autre. C'est le principe des théories qui ont les faits pour objet.

91. — Appliquez le principe de contradiction ?

Par ce principe nous jugeons faux tout ce qui implique affirmation et négation. Ce qui revient à regarder comme vrai tout ce qui est renfermé dans une notion. Ce n'est au fond que le principe d'identité. Il est la base des théories qui ont pour objet les vérités nécessaires.

92. — Ces principes sont-ils essentiellement distincts?

Non, quoiqu'ils correspondent à deux ordres de connaissances. La nécessité d'une raison suffisante pour l'existence de chaque fait est elle-même une vérité nécessaire, dont la négation implique contradiction. Le principe de contradiction est donc la racine première de toutes les sciences; il constitue l'unité de l'esprit humain.

93. — Comment Leibnitz arrive-t-il à Dieu dans sa théorie des monades?

1° Par le principe de raison suffisante; car, tout étant contingent, il faut une substance nécessaire qui en soit la raison dernière; 2° par le principe de contradiction qui conduit à reconnaître une éternelle région des essences, ou Dieu. Dieu est donc la première Monade, dont les autres ne sont que des *fulgurations*. Il a en lui excellemment les trois principes, c'est-à-dire l'activité infinie, l'intelligence, *schema* des idées, la volonté ou appétence qui est mue par le plus grand bien.

94. — Comment s'expliquent les rapports du monde à Dieu?

Par l'*Optimisme*, système qui tend à établir que si l'univers, en tant que fini, ne peut atteindre à la *perfection infinie*, il n'est pas privé d'un degré de *perfection finie*.

95. — Comment Leibnitz le prouve-t-il ?

En soutenant que Dieu étant la perfection absolue, ne peut être mu en créant que par la perfection relative possible des créatures. Il n'a donc pu préférer dans sa sagesse un monde plus éloigné de la perfection absolue à un monde qui s'en approcherait davantage.

96. — Comment concilie-t-il ce système avec le mal ?

Il fait observer qu'en raison, le mal possible fait nécessairement partie de la création. En fait, après avoir distingué le mal *métaphysique, physique* et *moral*, il montre 1° que le mal métaphysique, qui n'est que l'imperfection des créatures, doit se trouver dans le monde le plus parfait ; 2° que le mal physique est ou un bien d'un ordre supérieur, un bien moral, ou le principe d'un bien plus grand ; 3° que le mal moral est le résultat du libre arbitre, qui est un plus grand bien.

97. — Les Cartésiens n'admettaient-ils pas l'optimisme ?

Oui, Malebranche l'a enseigné ; mais, pendant que Leibnitz appuie son système sur le principe de raison suffisante, Malebranche établit le sien sur la nécessité morale qui pousse Dieu, en créant, à manifester le mieux possible ses attributs.

98. — Comment Leibnitz explique-t-il les rapports des créatures les unes aux autres ?

Par l'*harmonie préétablie*, 1° Les monades étant simples et possédant en elles leurs principes de développement, ne peuvent agir les unes sur les autres ; mais les rapports qu'elles peuvent avoir sont contenus dans les idées de Dieu, qui, en les créant, a déterminé pour le mieux leurs relations avec les autres. Il a réglé le principe interne de leurs variations, de telle sorte que leurs évolutions respectives se correspondent d'une manière harmonique ; comme deux pendules qui marquent la même heure sans avoir le même moteur.

99. — En quoi ce système diffère-t-il de celui des Cartésiens ?

Leibnitz n'admet qu'une substance, les Cartésiens en admettent deux, et ils expliquent leurs rapports par les *Causes occasionnelles* : Chaque substance est mue directement par Dieu à l'*occasion* des modifications d'une autre. Au fond, les deux systèmes se ressemblent : Leibnitz suppose que Dieu a fait au commencement ce que Malebranche soutient qu'il a fait à chaque instant.

100. — Quelles sont les conséquences de toutes ces théories ?

C'est que : 1° tout est animé, puisqu'il n'y a dans l'univers que des forces ; 2° que chaque monade, selon son mode de perception plus ou moins développé, est constamment modifiée par son activité interne, comme si elle recevait le retentissement de tout ce qui se passe dans l'univers. D'où résulte la plus grande unité possible jointe à la plus grande variété.

101. — Que sont les corps et les esprits dans ce système ?

Ils ont la même substance, mais à des degrés différents. Les corps ne représentent que l'univers, les esprits représentent Dieu lui-même ; et pendant que les corps sont liés entre eux par les lois des causes efficientes, les esprits le sont par celles des causes finales, c'est-à-dire par l'amour qui les unit entre eux et à Dieu, sans détruire le penchant qui porte chaque être à sa satisfaction individuelle ; car aimer, c'est chercher son bonheur dans le bonheur d'autrui.

102. — Comment le déterminisme se rattache-t-il à l'ensemble du système ?

Il y a deux principes d'après lesquels tout existe, le principe de contradiction, et le principe de raison suffisante. Tout ce qui existe en vertu du premier est *nécessaire*, et le contraire est *absurde*. Tout ce qui existe en vertu du second est *déterminé* et le contraire est *possible*. Telles sont les actions humaines ; elles ont toutes leur raison d'être ; la liberté d'indifférence n'existe pas.

103. — Comment peut-on concilier le déterminisme avec la liberté ?

Parce que trois choses sont suffisantes pour constituer un acte libre : l'*intelligence*, la *spontanéité*, la *contingence*. Or, ces trois conditions sont remplies dans l'hypothèse des motifs déterminants ; car l'homme, en agissant, sait ce qu'il fait ; il le fait de lui-même ; enfin son acte est contingent, puisque le contraire est possible.

104. — Que penser du système de Leibnitz?

1° Considéré dans son ensemble, il aspire à réunir au plus haut degré l'unité et la variété ; 2° les théories de Leibnitz renferment des principes d'idéalisme ; la substance matérielle n'est qu'un pur phénomène ; l'action et la réaction des êtres les uns vers les autres est un simple point de vue de l'esprit ; toutes les idées ne sont que le produit du développement interne de la monade ; 3° l'harmonie préétablie attaque la notion commune de l'union des esprits et des corps ; 4° le déterminisme soumet les actions de l'homme à une cause suffisante ; mais l'expérience prouve que c'est l'homme lui-même qui fait cette raison, loin d'y être soumis.

CONDILLAC.

TRAITÉ DES SENSATIONS

105. — Que savez-vous de Condillac?

Condillac, né à Grenoble en 1715, mort en 1780, fut le précepteur de l'infant, duc de Parme. Il adopta, perfectionna et simplifia la doctrine de Locke. Ses doctrines sont contenues dans l'*Essai sur l'origine des connaissances*, le *Traité des systèmes* et le *Traité des sensations*.

106. — Quel est l'objet du traité des sensations?

C'est de faire voir comment toutes nos connaissances et toutes nos facultés viennent des sens, ou, plus exactement, des sensations, les sens n'étant que des causes occasionnelles.

107. — Quelle est la division de cet ouvrage?

Il se divise en quatre parties : la première traite des sens qui ne jugent pas, par eux-mêmes, des objets extérieurs ; la deuxième traite du toucher, ou du seul sens qui juge lui-même les objets extérieurs : la troisième montre comment le toucher apprend aux autres sens à juger des objets : la quatrième s'occupe des besoins, des idées et de l'industrie d'un homme isolé qui jouit de tous ses sens.

108. — Que contient la première partie?

1º État d'un homme réduit au sens de l'odorat ; 2º état d'un homme réduit au sens de l'ouïe, ou de l'ouïe avec l'odorat ; 3º état de l'homme réduit au goût, ou au goût avec l'odorat et l'ouïe ; 4º enfin, état de l'homme qui n'a que le sens de la vue, ou la vue réunie à l'odorat, à l'ouïe et au goût.

109. — Quel est l'état de l'homme réduit à l'odorat?

1º Cet homme est une statue qui est absolument conformée à l'intérieur comme nous, mais dont les sens ne sont pas encore ouverts; on lui donne un sens, l'odorat, par exemple; 2° la statue devient une odeur, une odeur dominante devient l'attention et deux odeurs successives forment la mémoire; simultanées, la comparaison, qui produit le jugement, le raisonnement, etc,; si l'odeur passée dure, elle devient l'imagination, et la statue a des notions abstraites de nombre, de durée, des idées générales ou particulières : elle désire, se passionne, aime, hait, veut, espère, craint, contracte des habitudes, etc. ; 3° toutes ces opérations ne sont que des manières d'être attentif; toutes ces passions ne sont que des manières de désirer; enfin, être attentif ou désirer, ce n'est rien autre chose que de sentir; 4° comme il n'y a pas de sensations indifférentes, on pourra conclure que les différents degrés de plaisir ou de peine sont la loi suivant laquelle le germe de tout ce que nous sommes s'est développé pour produire toutes nos facultés intellectuelles et morales.

110. — Quel est l'état d'un homme ayant l'ouïe ou l'ouïe avec l'odorat?

1° La statue devient tout ce qu'elle entend, voit, goûte, etc.; elle acquiert les mêmes facultés qu'avec l'odorat; 2° les plaisirs de l'oreille consistent principalement dans la mélodie, émotions qui ne supposent point d'idées acquises et qui, comme celles de l'odorat, sont susceptibles de degrés; 3° les plaisirs les plus vifs supposent une oreille exercée ou bien organisée; 4° la statue finit par distinguer un bruit, d'un chant concomitant, mais une série de sons se liera mieux dans sa mémoire qu'une série de bruits; 5° les deux sens réunis ne donnent l'idée d'aucune chose extérieure; elle ne distingue les odeurs des sons qu'après expérience; son être lui paraît acquérir une double existence; sa mémoire est plus étendue; plus nombreuses sont ses idées abstraites.

111. — Quel est l'état d'un homme réduit au goût, ou au goût avec l'odorat et l'ouïe?

1° La statue acquiert les mêmes facultés qu'avec l'odorat et de la même manière; le goût contribue plus que l'odorat et l'ouïe à son bonheur ou à son malheur; c'est ce qui fait qu'elle saura mieux discerner ses sensations; 3° en ajoutant les deux autres sens, la statue croira que son existence est triplée, mais elle confondra quelquefois les sensations de l'odorat avec celles du goût.

112. — Quel est l'état d'un homme qui n'a que la vue?

1° Préjugés sur la vue : on croit qu'elle juge de la distance, mais c'est quand elle a été instruite par le toucher; 2° la statue n'aperçoit les couleurs que comme des manières d'être d'elle-même; d'abord elle les voit confusément; elle finit par les distinguer; 3° ce sens augmente ses moyens de jouissance, mais nullement ses facultés; 4° elle n'a point d'idée de situation ou de mouvement; 5° si les autres sens viennent se surajouter, ils augmenteront le nombre de ses manières d'être, chacune de ses idées sera plus étendue et plus variée ; elle se croira d'abord couleur, puis couleur odorante, savoureuse, sonore.

113.— Quelles observations peut-on faire ?

1° Que la manière de présenter le sujet est tout à fait fantaisiste. Ce n'est pas successivement, mais simultanément que s'exercent les sens de l'homme, donc l'hypothèse étant fausse, toutes les conséquences le sont aussi ; en admettant même l'hypothèse, la genèse des opérations ou des facultés est encore fausse ; l'attention est essentiellement active, on ne peut donc pas la confondre avec la sensation, qui, d'après Condillac lui-même, est passive ; 3° on dit que la sensation devient attention, mais c'est tout le contraire ; c'est l'attention qui fait remarquer la sensation ; enfin personne ne confondra le désir passif et fatal avec la volonté active et libre ; l'une peut-elle venir de l'autre ?

COUSIN

DU VRAI, DU BEAU, DU BIEN.

114. — Que savez-vous de Cousin ?

Victor Cousin, né en 1792, mort en 1867, philosophe et littérateur, professeur de philosophie, à la Sorbonne, défendit en France le spiritualisme, fonda l'éclectisme et fut accusé, à tort, de panthéisme. Ses principaux ouvrages sont ses cours d'histoire de la philosophie, et l'étude du vrai, du beau et du bien.

115. — Quel est le but général de ce dernier ouvrage ?

Sous ces trois chefs, le *Vrai*, le *Beau*, le *Bien*, il embrasse le philosophie tout entière : la psychologie, l'esthétique, la morale, le droit naturel et le droit public, enfin la théodicée, ce périlleux rendez-vous de tous les systèmes, où les différents principes sont condamnés ou justifiés par leurs conséquences (Cousin).

116. — Comment se divise la troisième partie sur le Bien ?

En sept chapitres ou leçons : 1° les premières notions du sens commun sur le Bien; 2° la morale de l'intérêt; 3° les autres principes défectueux de morale; 4° les vrais principes de la morale; 5° la morale privée et publique; 6° Dieu, principe de l'idée du bien; 7° Résumé de la doctrine du bien.

117. — Analysez la première leçon ?

1° Il ne faut pas chercher les sentiments du cœur humain dans un état de nature qui n'existe pas; 2° que dit le sens commun sur le bien? Que nous sommes libres; qu'il faut se dévouer pour autrui; que le bien n'est ni le plaisir, ni l'intérêt; que l'estime et l'admiration sont acquises à ceux qui sacrifient l'un et l'autre au devoir; enfin que quiconque fait mal doit avoir du regret et se repentir.

118. — Résumez la deuxième leçon?

On y combat la morale de l'intérêt; cette morale 1° confond la liberté et le désir, et par là abolit la liberté; 2° elle ne peut expliquer la distinction fondamentale du bien et du mal; 3° elle n'explique ni l'obligation, ni le devoir, ni le droit; 4° elle méconnaît le principe du mérite et du démérite; 5° elle ne peut admettre la Providence et aboutit au despotisme.

119. — Que contient la troisième leçon?

On y expose : 1° la morale du sentiment; 2° la morale fondée sur le principe de l'intérêt général; 3° la morale fondée sur la seule volonté de Dieu; 4° la morale fondée sur les peines et les récompenses futures. Chacune de ces morales est combattue : la morale du sentiment est variable; la morale de l'intérêt général est obscure; la morale de la volonté de Dieu est arbitraire; la morale des peines et récompenses futures est intéressée.

120. — Analysez la quatrième leçon?

On y analyse le phénomène moral : il suppose : 1° le jugement absolu qu'il y a des actions bonnes et des actions mauvaises; 2° le jugement que nous devons faire les premières et ne pas faire les secondes (obligation); 3° le jugement que celui qui fera les actions bonnes, méritera et sera récompensé; que celui qui aura fait les actions mauvaises, déméritera et sera puni.

121. — Que renferme la cinquième leçon?

L'application des principes précédents : 1º le principe du devoir est qu'il faut obéir à la raison; 2º la règle pour juger si une action est conforme à la raison, c'est de faire de son action une règle générale (impératif catégorique); 3º le principe de la morale individuelle est de respecter et de développer la personne morale; 4º la morale sociale comprend les devoirs de justice et de charité.

122. — Faire connaître la sixième leçon?

1º Dieu est le dernier fondement de la vérité morale, du bien et de la personne morale; 2º attributs moraux de Dieu : la liberté, la justice et la charité; 3º preuves de l'immortalité de l'âme, le mérite et le démérite, sa simplicité et l'argument des causes finales; 4º enfin on y trouve quelques développements ingénieux sur le sentiment religieux, l'adoration, le culte et la beauté du Christianisme.

123. — Que penser de cette troisième partie?

1º On ne peut nier qu'elle ne contienne les principes du spiritualisme soutenu par Royer Collard, par MM. Simon, Amédée Jacques, Saisset, etc., et qu'elle ne tende à élever et à agrandir l'homme; 2º cependant on regrette de voir l'auteur appuyer le devoir sur la raison, qui n'en est que la promulgatrice, et ne donner à Dieu qu'un rôle lointain et secondaire; enfin, de ne pas tracer du droit et du devoir une véritable théorie.

AUTEURS GRECS

XÉNOPHON.

MÉMOIRES SUR SOCRATE.

124. — Dites un mot de Xénophon?

Xénophon, historien, philosophe et général, naquit près d'Athènes, en 445, et mourut à Corinthe en 355. Il fut sauvé par Socrate à la bataille de Délium; suivit assidûment ses leçons; effectua la retraite des Dix Mille, et composa dans sa retraite de Scillonte plusieurs ouvrages, dont les plus connus sont : *l'Anabase*, la *Cyropédie*, et les *Mémoires sur Socrate*.

125. — Quel est le but des *Mémoires sur Socrate*?

De réhabiliter la mémoire de son maître, en rapportant les conversations qu'il avait avec les jeunes gens des plus nobles familles.

126. — Comment est divisé cet ouvrage?

En quatre livres, dont le premier réfute les accusations portées sur Socrate, et les trois autres, en rapportant, un peu au hasard, les divers entretiens de Socrate, mettent dans tout leur jour et l'innocence du philosophe et l'iniquité de ses accusateurs et de ses juges.

127. — Analysez le premier livre?

On a reproché à Socrate de ne pas reconnaître les dieux d'Athènes : mais 1° il leur rendait un culte public, consultait les oracles et conseillait de les consulter en matière sérieuse; 2° il n'a jamais rien dit ni rien fait d'impie; il prenait sans cesse conseil de son démon familier; il y croyait donc.

On a reproché à Socrate de corrompre la jeunesse : mais 1° il ne cessait de la diriger vers la vertu par ses conseils et par ses exemples; 2° ses disciples restèrent vertueux tant qu'ils suivirent ses leçons; quelques-uns (Critias et Alcibiade) ne se livrèrent au vice que quand ils cessèrent de le fréquenter.

En résumé nul homme ne fut plus vertueux, nul homme ne fut plus religieux.

128. — Analysez le second livre?

Ce livre contient les principes que Socrate désirait inculquer à ses disciples, au point de vue des vertus privées. 1° Vertus personnelles : il faut éviter la mollesse, la volupté, les passions (fiction de Prodicus, représentant Hercule, entre la mollesse et la vertu). 2° Vertus sociales : aimer sa mère, quelle qu'elle soit; vivre en bonne intelligence avec ses frères; mériter, par ses vertus, de trouver des amis; obliger sa famille, mais ne pas la nourrir dans l'oisiveté; rendre aux autres de bons services, pour en mériter de semblables.

129. — Analysez le troisième livre?

Ce livre contient les principes que Socrate

désirait inculquer à ses disciples, au point de vue des vertus publiques. 1° Qualités d'un bon général qui doit penser au bien-être de ses soldats; maintenir la discipline; se faire obéir, et avoir le talent de la parole; 2° un administrateur peut être un bon général, puisque l'un et l'autre ont à conduire des hommes ; 3° avant de s'occuper des affaires publiques, il faut s'instruire des devoirs et des intérêts de la République ; 4° Quand on a la capacité, il faut vaincre sa modestie, pour se rendre utile à l'Etat.

130. — Analysez le quatrième livre ?

Dans ce livre, qui échappe à l'analyse, Socrate démontre : 1° la nécessité de la culture intellectuelle et morale ; rien ne peut y suppléer : la première instruction est de se *connaître soi-même*, de savoir distinguer le juste de l'injuste, le beau et l'honnête ; 2° que le bonheur résulte de la vertu seule et nullement des autres biens de ce monde ; 3° qu'il faut adorer les Dieux pour les nombreux bienfaits dont ils nous ont comblés ; 4° que la justice est l'observation de la loi, et que la loi vient des dieux qui punissent ceux qui l'enfreignent. Xénophon, de tous ces entretiens, tire la justification la plus complète du philosophe athénien.

131. — Qu'est-ce que la sagesse pour Socrate ?

C'est la vertu sans laquelle on ne peut rien faire de beau, de bien et de juste.

132. — En quoi consiste la vertu ?

Dans l'action. Cette idée est générale dans l'antiquité.

133. — Que pensait Socrate de la science?

Il en conseillait l'étude, pourvu qu'on laissât de côté les questions frivoles et superflues.

134. — Qu'est le bon et le beau pour Socrate ?

Ils se confondent : une belle et bonne cuirasse est celle qui s'ajuste bien, et pare tous les coups, plutôt qu'une cuirasse ciselée et dorée. En général, le beau et le bon se mesurent d'après leur but.

135. — Socrate croyait-il en la Providence ?

Oui, il la prouvait par les merveilles de l'univers et par les bienfaits qu'elle répand chaque jour sur l'humanité.

136. — Comment Xénophon a-t-il peint Socrate ?

En général, il l'a présenté comme un homme pratique, ce qui n'est pas tout à fait exact. Pour connaître Socrate, tel qu'il a été, il faut compléter Xénophon par Platon.

PLATON.

SIXIÈME LIVRE DE LA RÉPUBLIQUE.

137. — Dites quelques mots de Platon?

Platon naquit à Athènes, en 429, et mourut en 345. Il s'adonna d'abord à la poésie et devint ensuite le plus ardent disciple de Socrate. (Voir le *Manuel de philosophie.*)

138. — Quel est l'objet de la *République* ?

Ce dialogue roule tout entier sur la justice ; mais pour Platon, c'est la même justice qui doit servir de règle à l'individu et à l'Etat, parce qu'il est impossible que le bien véritable (la justice) des individus, qui composent l'association, soit en contradiction avec le bien de l'association elle-même.

139. — Combien y a-t-il de livres ?

Il y en a dix.

140. — Quel est le sujet du premier ?

Il s'agit de savoir ce que c'est que la justice. Socrate rejette plusieurs définitions, et, sans la définir lui-même, force ses interlocuteurs à reconnaître que la justice est plus avantageuse que l'injustice.

141. — Quel est le sujet du deuxième livre ?

C'est la continuation du livre premier : 1° Socrate y prouve que ce n'est pas dans ses effets qu'il faut étudier la justice, mais en elle-même ; et pour cela, il est bon de la considérer dans un Etat, parce qu'elle est plus visible que dans un particulier ; 2° l'Etat doit sa naissance aux besoins qui rendent nécessaires à l'homme les services de ses semblables ; 3° quand l'Etat grandit, il lui faut des défenseurs (guerriers), à qui on doit donner une éducation particulière ; 4° cette éducation comprend la gymnastique, qui développe le corps, et la musique (les beaux-arts et l'éloquence), qui développe l'âme.

142. — Quel est le sujet du troisième livre ?

1° On évitera d'abord, dans l'éducation des guerriers, tout ce qui peut efféminer (point de poètes) ; 2° la gymnastique sera tempérée par la musique ; 3° on choisira parmi les guerriers, les plus âgés pour gouverner l'état. Il y aura donc proprement trois castes : les sages, les guerriers et les artisans, subordonnés les uns aux autres comme le sont les *métaux*.

143. — Quel est le sujet du quatrième livre ?

1° Conserver les citoyens dans une situation qui tienne le milieu entre la pauvreté et la richesse, pour que l'état conserve l'unité qui fait sa force ; 2° se garder, dans l'éducation, de rien innover : *qui touche à la musique, touche aux lois fondamentales de la république* ; 3° la justice, dans un état ainsi organisé, est la prudence dans les magistrats, le courage dans les guerriers, la tempérance dans les artisans ; la justice est donc le principe des vertus ; 4° il en est de même dans l'individu. L'âme a trois parties : la *raison*, la *passion*, la *sensation* ; c'est à la première de commander. La justice consiste donc à rester à sa place.

144. — Quel est le sujet du cinquième livre ?

1° Les femmes, étant de même nature que l'homme, doivent recevoir la même éducation ; et, de même que les biens, devenir communes aux guerriers, pour éviter tout conflit : les enfants sont à l'Etat ; 2° la république idéale que Platon vient de décrire, lui semble impossible ; les républiques réelles doivent s'efforcer de s'en approcher ; pour cela, il faut qu'elles soient gouvernées par des philosophes ; 3° Le philosophe est celui qui contemple la vérité absolue. Car l'esprit peut se trouver dans trois situations par rapport à la vérité : ou elle la connaît, c'est la science ; ou elle l'ignore, c'est l'ignorance ; ou elle n'en saisit que l'apparence, c'est l'opinion.

145. — Quel est le sujet du sixième livre?

1° Enumération des vertus du vrai philosophe ; 2° les faux philosophes font tort aux véritables ; c'est ce qui fait qu'on ne les veut pas mettre à la tête de l'Etat. Mais heureux celui qui sera gouverné par un vrai sage ! Il cherchera à rendre chaque citoyen semblable à lui-même ; 3° pour se former, le magistrat fera une étude approfondie de l'idée du bien, principe de la science et de la vérité, qui éclaire tous les objets de la connaissance, comme le soleil éclaire tous les objets de la nature ; 4° il y a deux mondes : le monde sensible et le monde intelligible. Le premier se divise en deux parties : une obscure, ce sont les images des choses sensibles, objets de la *conjecture* ; la seconde, lumineuse, ce sont les choses elles-mêmes, objets de la *foi*. Le monde intelligible se subdivise également en deux parties : la première, obscure, renferme les notions abstraites d'où l'on tire des conclusions : c'est la connaissance *discursive ;* la seconde, lumineuse, comprend les principes éternels, immuables, absolus : c'est la vérité pure, l'intuition.

146. — Quel est le sujet du septième livre?

L'allégorie de la caverne. 1° Dans une caverne, sont des prisonniers enchaînés. La lumière leur vient d'un feu allumé derrière eux. Leurs regards, tournés vers le fond, ne peuvent saisir que les ombres projetées par les objets qui passent entre eux et la lumière. Ils prennent ces ombres pour des réalités. 2° Que l'on force un de ces captifs à sortir de la caverne, il ne pourra voir d'abord que les images des objets ; puis les objets eux-mêmes ; ensuite, levant les yeux au ciel, il s'habituera à regarder la lune et les astres de la nuit ; et ce n'est qu'à la fin qu'il contemplera le soleil. 3° Ce captif, en possession de la vraie lumière, ne voudra plus redescendre dans la caverne ; s'il y revenait et qu'il parlât de ce qu'il a vu à ses anciens compagnons, il ne serait pas cru, et courrait risque de la vie.

147. — Quelle est l'application de cette allégorie ?

La caverne représente le monde visible, et les prisonniers, le genre humain. Le captif, c'est l'âme qui s'élève par degré vers le monde intelligible des idées, à la contemplation du bien, qui est le soleil de l'intelligence. Arrivée à cette hauteur, elle a peine à revenir dans la région obscure des conjectures et de la foi (opinions).

148. — Que faut-il, d'après Platon, pour amener l'âme en cet état ?

Il faut qu'elle s'affranchisse, dès l'enfance, par l'éducation, des instincts grossiers qui, comme autant de poids de *plomb*, l'attachent aux plaisirs des sens.

149. — Comment décider ces âmes, ainsi élevées, à se mêler encore des affaires de ce monde ?

En faisant appel à leur amour du bien : elles doivent quelque chose à la cité qui leur a donné une telle éducation.

150. — Qui produit dans l'éducation cet affranchissement ?

La philosophie.

151. — Quelles sont les études préparatoires à la philosophie ?

L'arithmétique. Toute unité apparaît comme multiple, ce qui signifie que, pour les sens, tout objet est à la fois *un* et *plusieurs*; il faut donc renoncer au témoignage des sens; or l'arithmétique, étudiant la véritable unité et les vrais nombres, est une excellente préparation. 2° La *géométrie plane;* car, outre qu'elle est utile à la guerre, elle a pour objet des réalités intelligibles et éternelles. 3° *La géométrie à trois dimensions,* qui n'était qu'ébauchée du temps de Platon. 4° *L'astronomie* qui étudie surtout les relations idéales qu'ont entre eux les mouvements des corps célestes. 5° Enfin la *musique* qui doit rechercher, plutôt avec la pensée qu'avec l'oreille, quels nombres sont harmoniques, quels autres ne le sont pas, et pourquoi ?

152. — Quelle est l'étude propre des philosophes ?

La dialectique, qui seule sait rendre raison de l'essence des choses, et peut définir rationnellement l'idée du bien. Le dialecticien seul doit donc disposer des grands intérêts de la cité.

153. — Quels sont ceux auxquels on donnera une pareille éducation ?

Ceux qui auront reçu de la nature un caractère généreux, un esprit pénétrant, une facilité à apprendre, une grande mémoire, une volonté persévérante : tous les autres n'en sont pas dignes.

154. — A quel âge doit-on commencer et quelles sont les phases de cette éducation ?

Dès l'enfance commenceront les études préparatoires. On choisira les enfants qui auront montré le plus de courage et d'ardeur pour apprendre. A vingt ans on leur présentera dans leur ensemble les sciences qu'on avait étudiées en détail. A trente ans on fera un nouveau choix et on leur enseignera la dialectique jusqu'à trente-cinq ans. Alors on les forcera de retourner à la Caverne, c'est-à-dire, de diriger pendant quinze années, les affaires de l'Etat. A cinquante ans l'apprentissage sera terminé. Ils gouverneront l'Etat à tour de rôle et se conformeront sur le divin modèle du bien absolu, objet de leur contemplation.

155. — Comment pourrait-on fonder un pareil ordre de choses?

Avec des hommes nouveaux. Pour ce faire, il faut soustraire les enfants à la contagion des mœurs actuelles, en les envoyant à la campagne, où ils seront élevés d'après les lois indiquées plus haut.

156. — Quel est le sujet du huitième livre?

1° De prouver que les formes de gouvernement qui ne sont pas fondées sur la justice, sont diverses et défectueuses ; 2° que les individus dont le caractère répond à ces gouvernements sont diversement vicieux.

157. — Combien y a-t-il de formes de gouvernement ?

Cinq : 1° l'*aristocratie*, fondée sur la justice, dont le plan a été tracé dans les livres précédents ; 2° la *timocratie* ; 3° l'*oligarchie* ; 4° la *démocratie* ; 5° la *tyrannie*. Ces formes sont de plus en plus défectueuses. — Il y a également cinq caractères d'hommes correspondants, savoir : 1° l'homme juste ; 2° l'homme timocratique ; 3° l'homme oligarchique ; 4° l'homme démocratique, et 5° le tyran.

158. — Quelle est la cause de cette dégénérescence des formes gouvernementales?

1° Le caractère nécessairement changeant de toute chose humaine ; 2° la cause propre du changement, c'est-à-dire quelque faute de la part des citoyens qui gouvernent les autres.

159. — Qu'est-ce que la timocratie?

Une forme mêlée de bien et de mal. Elle est caractérisée : 1° par la désorganisation progressive de la hiérarchie ; 2° le discrédit des plus dignes et le crédit des plus forts ; 3° la prééminence des guerriers et l'amour de la guerre ; 4° le dédain de la philosophie et le mépris des fonctions pénibles ; 5° l'amour des plaisirs et de l'or qui les achète ; l'ambition et l'intrigue.

160. — Quel est l'homme qui corresponp à cette forme?

Celui qui a des caractères analogues : dur pour les esclaves, doux pour les libres ; ambitieux ; ami de la guerre et passionné pour les exercices du corps ; et il devient tel par l'exemple de ses parents, de ses amis, de ses concitoyens.

161. — Qu'est-ce que l'oligarchie?

C'est la forme où le cens décide de la condition de chaque citoyen ; où les riches ont le pouvoir auquel les pauvres n'ont aucune part. Son caractère, c'est l'amour des richesses substitué à celui de la gloire. Il n'y a plus que deux castes : les riches et les pauvres, ce qui fait naître chez ces derniers une armée de mendiants, de voleurs, d'envieux, qu'on ne peut contenir que par la crainte.

162. — Quel est l'homme qui répond à cette forme?

C'est l'avide et l'avare. Il y a en lui deux hommes, l'un toujours prêt à prendre, l'autre craignant toujours de perdre.

163. — Qu'est-ce que la démocratie ?

La forme dans laquelle l'armée des pauvres s'est comptée, a reconnu sa force au petit nombre des riches, les a attaqués, chassés, massacrés, s'est partagée leurs biens et est devenue maîtresse des affaires. Son caractère, c'est l'amour excessif de la liberté ; mais cette liberté, portée aux derniers excès, fait sa perte et engendre la servitude.

164. — Quel est l'homme qui répond à cette forme ?

Celui qui n'a aucune conviction, esclave de ses passions, auxquelles il lâche la bride, et qu'il décore des plus beaux noms ; qui vit au jour le jour, sans but ; philosophe, homme d'état, guerrier, financier à l'aventure.

165. — Qu'est-ce que la tyrannie ?

L'état qui résulte des excès du précédent. Dans la démocratie, il y a trois classes : les riches qui doivent leurs biens au travail ; le peuple qui vit du travail, et les démagogues, que Platon appelle *frelons* ; les uns lâches et sans aiguillons ; les autres, courageux, armés d'aiguillons. Ces derniers provoquent le peuple, le poussent à commettre injustice sur injustice, jusqu'à ce qu'un ambitieux se porte le protecteur des *victimes* et de l'Etat menacé. C'est le tyran, qui règne sans contrôle, servi par un ramas de scélérats, intéressés comme lui au maintien de la servitude.

166. — Qu'est-ce que l'homme tyrannique?

Celui qui, après avoir perdu tout sentiment de grandeur, est en proie à des désirs et dont tout l'effort ne tend qu'à la débauche et à la satisfaction de la chair; sans amitié, sans foi, sans justice, il réalise le type du parfait scélérat.

167. — Quel est le sujet du neuvième livre?

1° Portrait du tyran : c'est le plus malheureux des hommes, en rendant les autres malheureux. Et il est le plus malheureux, parce qu'il est le plus injuste; donc l'injustice est inséparable du malheur; 2° il y a trois caractères dans l'homme; sagesse, ambition et cupidité. C'est quand il obéit à la sagesse qu'il est seulement heureux; la justice est donc la sagesse; 3° supposons l'âme sous la triple image d'un homme, d'un lion et d'un monstre; elle ne sera heureuse que quand elle donnera la prépondérance à l'homme et à la raison; donc la justice est encore la raison.

168. — Quel est le sujet du dixième livre?

1° Il y a trois choses à considérer dans les objets : l'idée invariable qui en est le type; l'objet lui-même que l'homme peut façonner l'image de cet objet encore plus fugitive que l'objet lui-même. Or il faut écarter de l'éducation tout ce qui ne s'occupe pas exclusivement de l'éternel et de l'immuable; donc il faut bannir les poètes, les peintres, etc; 2° Il y a deux récompenses pour l'homme juste ; une en ce monde ; le juste est heureux, et s'il paraît quelquefois puni, c'est pour des fautes commises dans un monde antérieur. Une autre récompense l'attend dans l'autre monde, bien plus magnifique. Récit d'Er, l'Arménien, tué dans un combat, et ressuscité : il raconte ce qu'il a vu ; 3° encouragement à s'attacher dès ce monde à la justice et à la sagesse, afin d'être en paix avec nous-mêmes et avec les dieux, et mériter la récompense éternelle.

ARISTOTE

MORALE A NICOMAQUE, LIVRE X

169. — En combien de livres cette morale est-elle exposée ?

En dix livres, savoir : 1° Du bien et du bonheur, but de toutes les actions humaines ; 2° de la vertu, disposition à se bien comporter dans le plaisir, le bien et la peine ; elle implique trois choses : savoir ce qu'on fait, vouloir l'acte pour lui-même, agir avec la résolution de ne pas agir autrement ; 3° de la volonté et du courage, dans lequel Aristote affirme que nous sommes toujours maîtres, sinon de nos actions, du moins de nos habitudes ; 4° des différentes vertus morales, la libéralité, la magnificence, la magnanimité, la douceur, qui sont comme un milieu entre deux vices ; 5° de la justice, dont il existe deux sortes : la justice distributive et la justice commutative (contrats) ; 6° des vertus intellectuelles, qui sont l'art, la prudence, la science, l'intelligence et la sagesse ; 7° de l'intempérance et du plaisir ; 8° et 9° de l'amitié, dont nous allons donner l'analyse détaillée ; 10° enfin du plaisir et du bonheur, dont Aristote fait la théorie.

170. — Quel est le sujet de ce livre ?

Le *plaisir* et le *bonheur*. Du plaisir, Aristote en a déjà parlé dans le VIIe livre. Il avait reconnu et prouvé que le plaisir n'est pas mauvais en soi, mais seulement par le but poursuivi et les moyens employés, etc., dans le IXe, il l'étudie dans ses rapports avec le souverain bien.

171. — Qu'est-ce que le plaisir ?

1° Ce n'est pas le souverain bien, puisqu'en y ajoutant la sagesse on le rend plus désirable ; 2° ce n'est pas l'absence de la douleur (une *génération*), puisqu'autrement il n'y aurait pas de plaisir continu, et qu'il y a des plaisirs, ceux de la vue, qui ne sont pas précédés de douleur ; 3° le plaisir est l'achèvement de l'acte, et comme une fin qui s'y ajoute du dehors ; c'est un indice que l'acte a été bon, conforme à la règle et à la nature.

172. — Y a-t-il plusieurs sortes de plaisirs ?

Oui, les uns sont désirables, les autres ne le sont pas ; 1° selon leur nature, les plaisirs varient comme les êtres dont ils sont le développement ; 2° suivant l'origine, les plaisirs varient avec les objets qui les procurent ; 3° il y a les plaisirs de l'âme, les plaisirs du corps ; les plaisirs purs au mélangés, simples ou complexes, durables ou passagers, etc.

173. — Quels sont les vrais plaisirs ?

Ce sont les plaisirs du sage, parce que lui seul agit conformément à la raison, et que le vrai plaisir d'un être doit être conforme à sa nature.

174. — Quelle est la conclusion ?

Que la vie est une suite de plaisirs, puisque c'est une suite d'actes dont le plaisir est l'achèvement ; et qu'on a tort de se plaindre de la vie, car ce serait se révolter contre la nature.

175. — Qu'est-ce que le bonheur ?

1° Ce n'est pas quelque chose de passif ; c'est un acte ; 2° ce n'est pas non plus un amusement ; car on ne s'amuse que pour être sérieux, et que le sérieux est nécessaire pour goûter le bonheur ; or, comme rien n'est plus sérieux que la vertu, il suit que c'est en elle seule que réside le vrai bonheur ; 3° d'ailleurs le bonheur est un acte, et le meilleur acte de l'homme ; mais qu'y a-t-il de meilleur que la vertu ; on arrive donc d'une autre manière à la même conclusion.

176. — Y a-t-il plusieurs sortes de bonheur ?

Oui, il y a le bonheur qui consiste dans la seule vertu, et le bonheur qui associe à la vertu les autres biens de la terre. Avec la première espèce, la vie est aussi heureuse que possible, parce que rien ne la vient troubler; avec la seconde, elle l'est moins, parce que les biens surajoutés peuvent se diminuer ou se perdre.

177. — Quelle est la conclusion?

Que le sage se contente de peu, et que par conséquent les misères auxquelles les autres mortels sont sujets, ont moins de prise sur lui.

ÉPICTÈTE.

MANUEL D'ÉPICTÈTE.

178. — Dites un mot d'Epictète?

La vie d'Epictète est peu connue. Il vivait sous Néron; il fut esclave, puis affranchi, et se retira sous Domitien, en Epire; il devint le favori d'Adrien. On ne sait où il mourut. Il n'a rien écrit; mais ses discours et ses maximes ont été conservés par Arrien, son disciple.

179. — A quelle école appartenait-il?

C'est le dernier représentant du stoïcisme dont il poussa les doctrines jusqu'à l'héroïsme. On connaît l'aventure où il eut la jambe cassée.

180. — Dites un mot du stoïcisme d'Epictète?

Sa doctrine porte sur trois points qui reviennent sans cesse dans ses œuvres : Dieu, la providence et la mort.

181. — Que pense-t-il de Dieu?

Qu'il existe : en douter serait une impiété.

Il le prouve par l'ordre et l'enchaînement qui existent dans l'univers. Mais c'est un Dieu qui paraît se confondre avec le monde ; c'est une intelligence qui le pénètre, comme l'âme pénètre le corps.

182. — Que pense-t-il de la providence ?

C'est le *fatum* des anciens stoïciens. Tout s'enchaîne dans l'univers, tout est réglé : il faut qu'il y ait des étés et des hivers, du bien et du mal. C'est une véritable fatalité.

183. — Que pense-t-il de la mort ?

Les âmes sont des étincelles détachées du feu divin (primordial des stoïciens) ; elles ne périront pas ; mais elles se transforment. En d'autres termes, la substance est immortelle, mais la personnalité disparaît.

184. — Quelle est la morale d'Epictète ?

1° Nous ne pouvons rien changer aux évenements, et tout est réglé ; donc il faut nous y conformer ; 2° il faut être lié avec tous ceux qui nous entourent, puisque tout est lié dans la nature, mais c'est un lien qui n'a rien d'affectueux : car il y a une chose que le sage doit aimer avant tout : c'est la liberté, à laquelle il faut tout sacrifier ; 3° comme conséquence, il fait l'apologie du suicide.

185. — Quels sont les défauts de la philosophie d'Épictète ?

Ce sont les défauts mêmes du stoïcisme : égoïsme, par lequel le philosophe sacrifie tout à lui ; et orgueil, par lequel il se croit l'égal des Dieux.

186. — Que renferme le *Manuel* d'Epictète ?

Des pensées extraites de ses discours et de ses entretiens. Il ne peut donc pas y avoir d'ordre suivi.

187. — Quelles sont les principales pensées ?

1° Il y a deux sortes de biens : les biens intérieurs, qui dépendent de nous, et les biens extérieurs, qui n'en dépendent pas ; s'attacher à ceux-ci, c'est se rendre impie, ridicule, malheureux, esclave de l'opinion ; 2° le vrai sage ne doit s'incliner ni devant les puissants et les riches, ni devant la multitude capricieuse, ni devant le *devin*, qui ne peut rien annoncer que d'indifférent, ni même devant ses passions ; 3° le sage doit, pour conserver sa liberté, être indifférent même aux liens de la famille, à la conduite des autres et aux événements ; 4° il faut être conséquent avec soi-même, et ne point changer le plan de conduite qu'on s'est tracé ; 5° supériorité de la morale pratique sur la morale théorique ; 6° enfin quelques réflexions sur la nécessité de suivre *volontairement* une destinée fatale.

LUCRÈCE

DE NATURA RERUM, LIVRE V.

188. — Dites un mot de Lucrèce ?

Il naquit d'une famille très ancienne, en

98 avant Jésus-Christ. Après d'excellentes études, il fit un voyage à Athènes, où il se passionna pour la doctrine d'Épicure. De retour à Rome, il résolut de la mettre en vers, et composa le poëme de *Natura rerum* qu'il dédia au préteur urbain Memmius. Il mourut en 44.

189. — Quel est le sujet du poëme ?

1° Le développement des doctrines d'Épicure, c'est-à-dire un matérialisme grossier qui confond l'âme avec le corps, et substitue à un Dieu créateur, le concours fortuit de corps élémentaires et irréductibles *(atomes)* ; 2° l'explication, quelquefois heureuse, d'une foule de problèmes de physique, qui était un véritable progrès à l'époque où cet ouvrage était publié.

190. — Quel est le sujet du V° livre ?

Ce livre traite du commencement des choses : 1° comment du chaos primitif s'est dégagé le monde avec ces quatre saisons ; 2° les premières productions de la terre, les plantes, les oiseaux, les autres animaux, enfin l'homme qui, à l'origine, n'était qu'un pur animal ; 3° bientôt les hommes se réunissent, inventent le langage, trouvent le feu, établissent des villes, des rois, des magistrats ; 4° le hasard fait découvrir peu à peu tous les arts, l'agriculture, la fonte des métaux, la mécanique, et la nécessité les fait développer.

191. — Quelle observation faites-vous ?

La beauté de la poésie ne peut faire oublier

le naturalisme grossier du philosophe. Nous renvoyons au cours de philosophie pour la réfutation de ces doctrines aussi fausses que désolantes.

CICÉRON

DES DEVOIRS

192. — Dites un mot de Cicéron ?

Cicéron, qui joua un si grand rôle à Rome au temps de César et d'Octave, ne fut pas seulement un grand orateur ; il a composé un assez grand nombre d'ouvrages philosophiques qui le placent au premier rang des philosophes. Parmi ces ouvrages, on cite : les *Tusculanes*, la *République*, les *Paradoxes*, la *Fin des Biens et des Maux* et le *Traité des Devoirs*.

193. — Cicéron est il original ?

Non, il emprunte à toutes les sources ; il est éclectique.

194. — Quelles sont les écoles auxquelles il s'attache de préférence ?

L'Académie, la nouvelle Académie, le Portique et le Lycée.

195. — Pour qui fut composé le *De Officiis*?

Pour son fils Marcus, qui étudiait la philosophie à Athènes, sous Cratippe.

196. — Est-ce un traité complet de morale ?

Ce n'est pas précisément un traité de morale générale ; la morale que Cicéron y enseigne est celle des grands, qui sont appelés à gouverner les autres ; la politique est donc le principal but de l'auteur.

197. — Quelles sont les sources où puise Cicéron?

Il puise à toutes les sources ; mais il suit de préférence les stoïciens, et en particulier Panétius, dont il adopte la division.

198. — En combien de parties divise-t-il ce traité?

En trois. La première traite de l'Honnête, la deuxième de l'Utile, et la troisième de la comparaison de l'Utile et de l'Honnête.

199. — Analysez sommairement la première partie?

Cicéron y traite de l'honnête, qu'il ramène à quatre sources : la prudence, la justice, la force et la tempérance. Il s'étend peu sur la première vertu, traite longuement les autres, qui ont avec la société des rapports plus nombreux.

200. — Qu'est-ce que l'honnête pour Cicéron?

C'est tout ce qui est louable en soi, abstraction faite de son utilité. C'est donc le bien, distinct de l'utile.

201. — Qu'est-ce que la prudence ?

C'est le désir de connaître la vérité.

202. — Quelles sont ses règles ?

1° Ne pas prendre pour connues des choses inconnues ; 2° Ne pas s'appliquer à la recherche des choses futiles et obscures ; 3° Enfin subordonner la prudence à son but principal, qui est l'action.

203. — Qu'est-ce que Cicéron entend par justice ?

Deux vertus que les modernes ont distinguées avec soin : la justice proprement dite, et la bienfaisance.

204. — Comment définit-il la justice proprement dite ?

Elle consiste à ne nuire à personne, si ce n'est pour se défendre ; et ensuite, à user, comme d'un bien commun, de ce qui est à tous, et comme d'un bien propre, de ce qui est à soi.

205. — Cette définition est-elle complète ?

Non, il entre encore dans la compréhension de justice l'idée de donner à chacun ce qui lui est dû : *Suum cuique*.

206. — Quelles sont les sources de la propriété ?

On n'a rien à soi par la nature, d'après Cicéron ; une première occupation, la victoire, la loi, les contrats, les partages publics, voilà l'origine de la propriété.

207. — Quelle est l'origine de la justice ?

Ce fait que nous sommes nés les uns pour les autres.

208. — Quelle en est la conséquence ?

C'est l'amour du genre humain : *Caritas generis humani*.

209. — En quoi consiste l'injustice ?

A faire le mal ou à le laisser faire.

210. — Pourquoi fait-on le mal ?

Par convoitise, pour satisfaire à ses plaisirs, à son amour du luxe, à son ambition, comme Crassus et César.

211. — Pourquoi le laisse-t-on faire ?

Par crainte des inimitiés, du travail, de la dépense ; par négligence et égoïsme.

212. — Quel est le fondement de la justice ?

C'est la bonne foi, que l'on doit observer même envers les ennemis (ex. : Régulus).

213. — Quelles sont les règles de la bienfaisance ?

1° Le bienfait ne doit pas nuire ; 2° il ne doit pas dépasser nos ressources ; 3° il doit être bien placé ; 4° enfin il faut que la justice le règle.

214. — Comment s'échelonnent les devoirs de justice ?

Il faut aimer la grande société humaine, puis la patrie, enfin la famille qui en est le premier élément.

215. — Qu'est-ce que la grandeur d'âme

Elle se définit la vertu qui combat pour la justice. C'est elle qui produit les actions éclatantes.

216. — A quoi la reconnaît-on ?

A deux marques : 1° Le mépris des choses extérieures ; 2° le désir de faire de belles actions, selon la justice et dans l'intérêt public.

217. — Qu'inspire-t-elle relativement à l'Etat.

Qu'il ne faut pas s'éloigner des charges publiques, malgré les ennuis qui en sont inséparables ; s'y sacrifier au besoin.

218. — D'où dépend la grandeur d'âme ?

De la force de l'âme et non de celle du corps. Cicéron en conclut que le courage civil vaut bien mieux que le courage militaire : *Cedant arma togæ*.

219. — Quels sont les devoirs des hommes d'Etat ?

1° Travailler pour le bien public, sans colère, sans arrogance ; 2° avoir toujours une âme égale.

220. — Qu'est-ce que la tempérance ?

Deux choses : 1° La vertu qui consiste à modérer ses passions et à régler ses désirs; 2° la décence, la mesure *(modus)* que l'on met dans tout ce que l'on fait ; elle se rapporte à ce qu'on appelle les *bienséances sociales*.

221. — Quel en est le principe ?

C'est le *quod decet*, le *decorum*, qui n'est qu'une face de l'idée du beau.

222. — Qu'est-ce que le beau ?

C'est le bien rendu visible. Le beau *moral* en dérive, comme le beau physique, dont les sources sont l'*ordre*, la *convenance*.

223. — Quelle en est l'application relative à la nature humaine ?

Il faut lui maintenir son excellence propre, et sa supériorité sur la nature animale.

224. — Application relative à l'homme ?

L'âme doit commander au corps, la raison à l'appétit.

225. — Application à la conduite ?

Dans tous nos actes, ne rien abandonner au caprice et à l'arbitraire.

226. — Application au corps ?

Ne lui donner que ce qui est nécessaire à la santé. Ne point le dégrader. Préceptes sur la *sobriété*, la *frugalité*, la *continence*.

227. — Application au rôle que l'on joue dans la vie?

Il doit : 1° dépendre en tout de son propre caractère : *naturam propriam sequi* ; 2° du genre de vie (qu'il faut embrasser librement) et de la profession.

228. — Application relative aux âges et aux états ?

Le jeune homme écoute et respecte ; l'homme mûr enseigne, protège, donne l'exemple ; le magistrat veille au salut de l'Etat ; le citoyen le défend, etc.

229. — Application à l'extérieur :

Eviter les airs efféminés, les manières rudes et grossières. La femme doit être agréable, l'homme digne.

230. — Application à la parole ?

Conseils sur la conversation, dans laquelle il faut avoir égard aux personnes avec qui l'on parle.

231. — Application au temps et au lieu ?

Tenir compte en tout de l'à-propos ; avoir l'art de saisir en toute chose le moment favorable.

232. — Que dit Cicéron des professions ?

Les professions manuelles, les arts de la vie commune sont rabaissés au détriment des arts libéraux. Il relève cependant l'agriculture.

233. — Analysez la deuxième partie du *De Officiis*.

Il est consacré à l'examen de ce qui est utile. Cicéron affirme ; 1° l'union étroite qui existe entre l'utile et l'honnête ; 2° passe en revue les choses utiles, dont la principale est l'homme ; 3° enfin indique les moyens de se rendre l'homme utile en gagnant son amour, son estime, sa bienveillance.

234. — Comment l'homme est-il utile à l'homme ?

Par son intelligence qui a tout créé. Il est vrai que c'est aussi l'homme qui est le plus nuisible, par les guerres et les séditions.

235. — Quels sont les moyens de s'attirer la bienveillance de ses semblables ?

La vertu, non apparente, mais réelle, et la bonne réputation.

236. — Comment se fait-on une réputation ?

Par trois moyens : l'amour, la confiance et l'admiration du peuple.

237. — Comment y arrive-t-on ?

On gagne l'amour par ses bienfaits et ses vertus ; la confiance, par la prudence et la justice ; l'admiration, par ses grandes qualités.

238. — Quel est le premier titre à la gloire ?

La carrière des armes ; ensuite l'éloquence.

239. — Quel est le moyen de nous attacher les hommes ?

La bienfaisance, qui se pratique soit en aidant les hommes de son argent, soit en leur rendant des services.

240. — Quelle est la qualité de ces services ?

D'être désintéressés, sans acception de personne ; de ne pas nuire à la République, comme le partage des terres, ou l'abolition des dettes.

241. — Quel est le sujet du troisième livre des devoirs ?

Il traite de l'union de l'utile et de l'honnête. 1° Cicéron met en principe que tout ce qui est honnête est utile ; et que rien n'est utile s'il n'est honnête ; 2° il traite quelques cas de conscience dans lesquels il y a difficulté à décider ce qu'il faut faire. Savoir : est-il juste de tuer, de dépouiller un tyran ? un marchand de Rhodes, dans un temps de famine, doit-il avertir ses concitoyens que des navires de blé vont arriver dans le port, ou s'abstenir afin de vendre son blé plus cher ? Un homme qui veut vendre sa maison, doit-il prévenir l'acquéreur qu'elle est remplie de serpents ? Enfin le banquier de Syracuse avait-il le droit, pour se défaire de sa villa, de tromper Canius sur les agréments dont elle était entourée ? Cicéron répond négativement dans tous les cas, avec, pour le premier une restriction fondée sur ce principe immuable que l'utilité du plus grand nombre passe avant celle du particulier, et qu'aucune considération ne peut la faire sacrifier à son propre intérêt.

242. — Appréciez le *De Officiis?*

Relativement, c'est certainement le plus beau livre de morale que nous aient transmis les Anciens ; quoiqu'on désirerait y trouver et la morale individuelle et la morale religieuse que l'auteur passe sous silence.

Absolument, cet ouvrage n'a pas de fondement ou ne se fonde que sur la raison, laquelle ne peut soutenir une morale ; il n'a pas de couronnement, parce que l'auteur ne fait pas même entrevoir l'immortalité de l'âme et les récompenses futures.

243. — Donner quelques autres détails?

1° Le principe de l'honnête serait excellent s'il s'appuyait sur une loi ; les modernes n'ont rien de mieux ; 2° la division des devoirs est imparfaite ; les devoirs rentrent un peu les uns dans les autres ; 3° le développement des devoirs est la partie la plus saillante ; 4° quant au style et à la méthode, ils sont irréprochables.

244. — Quelle est la partie la plus originale?

C'est sans contredit celle qui traite de la tempérance. C'est un code de bienséance qui n'a pas été dépassé, qui n'a même pas été égalé.

CICÉRON

DE NATURA DEORUM.

245. — Que savez-vous de cet ouvrage?

Cicéron y recherche la nature des dieux,

donne l'opinion des différents philosophes, et conclut, selon l'école probabiliste, à une espèce de spiritualisme mitigé que comportait le paganisme.

246. — Quelle est la division du livre second?

Ce livre a pour but de démontrer : 1º *Qu'il y a des dieux* (preuves diverses appuyées surtout sur le principe de finalité ; 2° *quelle est la nature de ces dieux* (doctrine panthéistique) ; 3° *qu'ils gouvernent l'univers* (l'ordre dans le monde); 4° *qu'ils veillent particulièrement sur l'homme* (admirable structure du corps humain et plus encore de son intelligence, tout le reste de la création a été fait pour l'usage de l'homme et des dieux).

SENÈQUE.

LETTRES A LUCILIUS. *(Les seize premières.)*

247. — Que dites-vous de ces *lettres*?

Ces lettres, qu'on pourrait peut-être appeler des *essais* sur différents sujets de morale, sont des conseils pratiques donnés à Lucilius en quelque sorte au jour le jour, et sont d'une analyse à peu près impossible.

248. — Quels sont les principaux sujets traités.

1° Sur l'importance du temps, c'est le seul bien que nous ayons ; 2° sur la lecture, ne pas lire beaucoup de choses, mais lire beaucoup la même chose; 3° sur l'amitié, être circonspect dans le choix de ses amis, mais leur ouvrir son cœur, quand on les a choisis; 4° sur la conduite du philosophe, il peut agir comme le vulgaire, mais avec une intention différente; 5° sur la vie retirée que doit mener le sage, à combien de corruption, de pièges, de dangers il échappe; 6° sur la nécessité de se conduire comme si l'on était en présence d'un sage; 7° sur la vieillesse, on ne s'aperçoit pas qu'elle arrive, parce que tout vieillit en même temps que nous; 8° sur les devoirs que l'on doit à son corps, ne le traiter ni en maître ni en ennemi, etc.

248 bis. — Quels sont les sujets des seize premières lettres?

1° Le prix du temps; 2° les voyages et la lecture; 3° l'amitié; 4° persévérance dans la sagesse et mépris de la mort; 5° sur l'affectation de la vertu; 6° les bons exemples d'un ami sont la meilleure des leçons; 7° il faut vivre loin de la foule; 8° de l'Activité du sage; 9° de l'Amitié du sage; 10° la solitude n'est bonne que pour les gens de bien; 11° il faut prendre pour modèle un homme de bien; 12° avertissements de la vieillesse; 13° conseils pour le combat de la vie; 14° de ce que l'on doit à son corps; 15° des exercices corporels; 16° le vrai sage est prêt à tou,.

SUPPLÉMENT

AUTEURS FRANÇAIS, GRECS ET LATINS

PRÉCÉDEMMENT EXIGÉS POUR LE BACCALAURÉAT

Il est utile aux candidats d'avoir au moins quelque idée de ces ouvrages.

LOGIQUE DE PORT-ROYAL

249. — Par qui et pour qui fut composée cette logique?

Elle fut composée par Antoine Arnault et Nicole pour Albert de Luynes, duc de Chevreuse, sous le titre d'*Art de penser*.

250. — Par quoi commence cet ouvrage?

Par deux discours qui lui servent d'introduction.

251. — Que contient le premier discours?

Il expose le dessein de la nouvelle logique. La plupart des erreurs viennent de la fausseté de l'esprit ; il faut donc apprendre à s'en servir en rectifiant son jugement.

252. — Que contient le deuxième discours?

Des réponses aux objections soulevées par l'ouvrage. 1° On aurait dû l'appeler *Art de bien penser*; mais on ne conçoit pas un *Art de mal penser*, donc *Art de penser* suffit; 2° on a eu tort de tirer des exemples de différentes sciences autres que la logique; non, car c'est par là que le livre intéresse et instruit; on a eu tort de blâmer parfois Aristote; non, car les erreurs des grands hommes font plus d'effet que celles des hommes vulgaires.

253. — Comment se divise la logique?

En quatre parties qui traitent : 1° des idées; 2° des jugements; 3° des raisonnements; 4° de la méthode.

254. — Comment se divise la première partie?

En quinze chapitres qui traitent des idées considérées : 1° selon leur nature et leur origine; 2° selon la différence des objets qu'elles représentent; 3° selon leur simplicité et leur composition; 4° selon leur étendue et leur restriction; 5° selon leur clarté et leur obscurité.

255. — Parlez des idées selon leur nature et leur origine?

1° Selon leur nature : l'idée est tout ce qui est dans l'esprit, quand on peut dire avec vérité que l'on *conçoit* quelque chose, quand même on ne pourrait l'*imaginer*; 2° selon leur origine : les idées ne viennent point des sens; les sens donnent seulement à l'âme occasion d'avoir des idées.

256. — Parlez des idées selon la différence des objets qu'elles représentent?

Les idées représentent ou des *substances*, ou des *attributs* ou des *modifications*. Un *corps* est une substance; *rond* est un attribut; et *corps rond*, une chose modifiée. A cette occasion, on rappelle les deux catégories d'Aristote, et la différence entre l'idée des choses et l'idée des signes.

257. — Parlez des idées selon leur simplicité et leur composition?

Les idées simples ne demandent que la seule application de l'esprit à l'objet; les idées composées exigent, pour être étudiées, l'opération appelée *abstraction*.

258. — Parlez des idées selon leur étendue ou leur restriction?

Les idées sont universelles ou générales, particulières et singulières ou individuelles. 1° Les idées universelles sont appelées dans l'école les cinq universaux, savoir : le *genre*, l'*espèce*, la *différence*, le *propre* et l'*accident*; 2° les idées particulières ne sont limitées que par le nombre même des individus.

259. — Parlez des idées selon leur clarté et leur obscurité?

Les idées peuvent être *claires* sans être *distinctes*, et *obscures* sans être *confuses*. Pour éviter la confusion, l'obscurité et l'indétermination, il faut définir. Ici sont exposées les règles de la définition, et ses différentes espèces.

260. — Que comprend la deuxième partie?

Vingt chapitres, qui traitent du jugement ou de la proposition. On y examine successivement : 1° les diverses espèces de mots, noms, pronoms, verbes, etc., par rapport à la proposition ; 2° les quatre sortes de proposition : universelle affirmative, universelle négative, particulière affirmative, particulière négative ; 3° les propositions simples, qui sont incomplexes ou complexes ; et les propositions composés, qui sont copulatives, disjonctives, conditionnelles, causales, relatives, discrétives ; 4° la division, la définition, soit de mot, soit de chose.

261. — Que dire des diverses espèces de mots ?

C'est une question de grammaire générale, dont la doctrine est enseignée dans la logique, à laquelle nous renvoyons.

262. — Que dire des quatre propositions selon leur quantité et qualité ?

Nous renvoyons également à la logique.

263. — Que dire des propositions simples ?

Qu'elles sont également du ressort de la grammaire générale.

264. — Que faut-il remarquer dans toute proposition ?

1° Le sujet et l'attribut; 2° le sens divisé dans un sujet confus *(j'ai trouvé Rome de bois et je la laisse de marbre)*; 3° l'universalité métaphysique et l'universalité morale, qui admet l'exception ; 4° l'universalité restreinte par une partie de l'attribut *(les Français sont de bons soldats)*; l'universalité indéfinie, vraie en matière nécessaire, fausse en matière contingente, particulière dans les faits et les narrations.

265. — Que dit Port-Royal de la division ?

Elle se définit le partage : 1° d'un tout en ses parties intégrantes ; 2° d'un tout en ses parties subjectives ou inférieures.

266. — Que dit Port-Royal de la définition ?

Qu'elle est de nom ou de chose ; que celle de nom est arbitraire ; que celle de chose est une description ; elle doit contenir le genre prochain et l'espèce.

267. — Qu'est-ce que la conversion des propositions ?

Elle consiste à changer le sujet en attribut, et l'attribut en sujet. Une proposition universelle affirmative se convertit en une proposition semblable ; une particulière affirmative ne change pas en se convertissant, et il n'est pas permis de convertir une proposition particulière négative. Cela tient : 1° à ce que l'attribut est affirmé du sujet suivant toute sa compréhension, et que son extension est resserrée par celle du sujet ; 2° que l'attribut nié du sujet ne l'est pas dans toute sa compréhension, mais dans toute l'extension du sujet.

268. — Que contient la troisième partie ?

Vingt chapitres qui traitent tour à tour : 1° du raisonnement dans sa nature et ses espèces ; 2° de la division des syllogismes en simples et conjonctifs ; 3° des règles anciennes du syllogisme ; 4° de la division des syllogismes conjonctifs en conditionnels, disjonctifs et copulatifs; 5° des enthymèmes; 6° des sorites; 7° de l'ancienne théorie des lieux communs; 8° enfin des sophismes et de la manière de les réfuter.

269. — Parlez de la nature du raisonnement et de ses espèces?

La réponse à cette question est dans la logique.

270. — Parlez des syllogismes simples et conjonctifs?

Les syllogismes se divisent en simples et conjonctifs. Les simples, en complexes et incomplexes. Dans le syllogisme complexe, chaque terme est joint tout entier avec le moyen; dans l'incomplexe, on ne joint qu'une partie du sujet ou de l'attribut grammatical au moyen.

271. — Parlez des règles du syllogisme?

1° Les règles anciennes du syllogisme, au nombre de huit, se trouvent dans toutes les logiques; 2° les quatre figures des syllogismes dépendent de la place que peut occuper le moyen terme dans les prémisses; 3° les modes résultent de la combinaison trois à trois des propositions du syllogisme, selon qu'elles sont universelles affirmatives ou négatives, particulières affirmatives ou négatives.

272. — Parlez des syllogismes conjonctifs?

Ils sont : 1° *conditionnels*, quand la majeure est une proposition conditionnelle qui contient la conclusion; 2° *disjonctifs*, quand la première proposition est disjonctive et se compose quelquefois de plus de deux parties; 3° *copulatifs*, quand on prend une partie pour ôter l'autre ; 4° ils ont une conclusion conditionnelle, manière de raisonner très commune et très belle, d'où l'on tire une conséquence absolue.

273. — Parlez des enthymèmes.

L'*enthymème* supprime une des prémisses du syllogisme, et rend le discours plus fort et plus vif.

274. — Parlez des sorites.

Le *sorite*, proprement dit, ou *gradation*, le dilemme et l'épichérème, sont des arguments qui sont expliqués comme dans les logiques ordinaires.

275. — Parlez des lieux communs.

Les lieux communs sont des sources d'arguments, dont on ne se sert jamais dans la pratique. Il y en a de trois sortes : 1° les lieux de grammaire : l'étymologie et la dérivation ; 2° les lieux de logique : le genre, l'espèce, la différence, le propre, l'accident, la division, la définition ; 3° les lieux de métaphysique : les causes et effets, les parties et le tout, les termes opposés. Port-Royal s'étend quelque peu sur les causes, et la doctrine est à peu près celle de Bossuet (voir les causes de cet auteur).

276. — Parlez des sorites.

1° Port Royal ramène à huit tous les sophismes : l'ignorance du sujet, la pétition de principe, l'ignorance de la cause, le dénombrement imparfait, l'erreur de l'accident, l'erreur du relatif, l'erreur du composé et du divisé, et l'abus de l'ambiguité des termes ; 2° les principales causes des faux raisonnements sont : 1° les sophismes d'amour-propre, d'intérêt et de passion qui nous déterminent dans la plupart de nos doutes ; 2° les faux raisonnements qui naissent des objets mêmes, parce qu'ils sont un mélange de vérités et d'erreurs que nous ne savons pas, ou ne voulons pas démêler.

277. — Faites l'analyse de la quatrième partie ?

Elle comprend, en seize chapitres : 1° quelques réflexions générales sur les vérités d'évidence et d'autorité ; sur la science, fin de la démonstration ; et réfute à ce propos les sceptiques ; sur les choses connues par l'esprit, plus certaines que celles qui ne sont connues que par les sens ; sur le criterium de la vérité, qui est, selon la doctrine de Descartes, l'évidence ; 2° la manière de résoudre une question, qui est de descendre des causes aux effets, du principe aux conséquences ; ou de remonter des effets aux causes, des conséquences aux principes ; ce qui constitue deux méthodes, l'*analyse*, méthode de *résolution*, d'*invention* ou *a priori* ; et la *synthèse*, ou méthode de *composition*, de *doctrine* ou *a posteriori*. Au sujet de l'analyse, Port-Royal rappelle les quatre règles de Descartes (voir question 5.) Au sujet de la synthèse, il donne les cinq règles de la démonstration formulée par Pascal (voir question 60). 3° La théorie des axiomes, qui sont des propositions dans lesquelles on voit clairement le rapport de l'attribut au sujet sans avoir besoin d'intermédiaire. On cite à ce sujet les principaux axiomes. 4° Quelques mots sur la foi, tant humaine que divine, et 5° quelques réflexions sur la théorie des probabilités.

278. — Quels sont les passages les plus saillants ?

1° Ce qui est dit des causes de la confusion des idées qui sont l'irréflexion : *(le feu est chaud,* quand la chaleur est en nous, non dans le feu) ; les jugements que l'on tire des idées sans s'en apercevoir (un bâton dans l'eau que l'on déclare brisé). 2° Ce qui est dit des idées accessoires et des idées ajoutées ; 3° tout le chapitre sur les sophismes et la cause des mauvais raisonnements.

279. — Quelle opinion faut-il se faire de la Logique de Port-Royal ?

Relativement c'est le meilleur ouvrage de son temps par le fond, et pour le style qui fait date (1652) : il remplit parfaitement son objet, qui est l'art de penser et de régler son jugement. Absolument 1° il y a des lacunes : la partie scientifique de la logique ne s'y trouve qu'en partie (de la vérité et de l'erreur, de l'évidence, de la certitude, etc.) ; 2° des confusions : des questions de grammaire ou de pyschologie s'y trouvent mêlées avec des questions de logique (origine des idées, les parties du discours, les propositions, etc.); 3° il n'est presque rien dit de la méthode expérimentale, si importante aux progrès des sciences physiques et naturelles, non plus que de l'analogie qui est d'un si grand usage dans l'histoire et les sciences morales.

BOSSUET

TRAITÉ DE LA CONNAISSANCE DE DIEU ET DE SOI-MÊME.

280. — Dites un mot de Bossuet?

Né à Dijon (1527), mort en 1704, Bossuet, évêque d'abord de Condom, puis de Meaux, précepteur du grand dauphin, émule et adversaire de Fénelon, dans l'affaire du quiétisme, a été l'une des gloires de la France par la beauté, le nombre et l'importance de ses ouvrages, dont les principaux sont : le *Discours sur l'histoire universelle*, les *Oraisons funèbres*, l'*Histoire des variations* et le *Traité de la connaissance de Dieu et de soi-même*, composé pour son élève.

281. — Sur quoi repose le plan de ce dernier ouvrage?

Sur ces deux passages de l'Ecriture : *Considérez-vous attentivement vous-mêmes*: et; *O Seigneur, j'ai tiré de moi une merveilleuse connaissance de ce que vous êtes*.

282. — En combien de parties se divise-t-il?

En cinq chapitres qui traitent successivement : 1° de l'âme ; 2° du corps ; 3° de l'union de l'âme et du corps ; 4° de Dieu ; et 5° de l'âme des bêtes.

283. — Analysez la 1re partie ?

L'âme se connaît par ses opérations ; or il y en a de deux sortes : *sensitives* et *intellectuelles*.

284. — Quelles sont les opérations sensitives ?

1° Les opérations sensitives s'appellent *sensations*. Ce sont les premières *perceptions* qui naissent dans l'âme à la présence des objets extérieurs et des impressions qu'ils produisent sur les organes. Elles sont accompagnées de plaisir ou de douleur ; 2° outre les sens extérieurs qui fournissent les sensations, il y a dans l'âme deux sens intérieurs qui servent, l'un, à réunir les sensations, *sens commun*; l'autre, à les rappeler, *imagination* ; 3° du jeu des sens extérieurs et intérieurs naissent les *passions* ; 4° il y a onze passions ; six concupiscibles : l'*amour*, la *haine*, le *désir*, l'*aversion*, la *joie*, la *tristesse* ; cinq irascibles : l'*audace*, la *crainte*, l'*espérance*, le *désespoir*, la *colère*.

285. — Quelles sont les opérations intellectuelles ?

Les opérations intellectuelles, qui sont *l'appréhension de quelque chose de vrai ou de réputé tel*, sont de deux sortes : *l'entendement* et la *volonté*.

286. — Parlez de l'entendement.

1° L'entendement est la lumière que Dieu

nous a donnée pour nous conduire : il s'appelle *esprit, raison, conscience*, etc. Son objet est le *vrai*, le *bien*, le *beau*. Ne pas le confondre avec l'imagination : entendre et imaginer sont choses différentes. L'imagination cependant peut lui être utile ; 2° l'entendement accomplit, entre autres, trois opérations qu'on appelle *conception, jugement* et *raisonnement* ; 3° par rapport à la vérité il se trouve placé dans le *doute*, la *science*, l'*ignorance*, l'*erreur*, l'*opinion*, la *foi* ; 4° son objet se subdivise en *sciences spéculatives et pratiques* telles que : d'une part, *métaphysique, physique, géométrie, astronomie* ; d'autre part, *logique, morale* et *arts*, principalement les arts libéraux : *grammaire, poétique, médecine, arithmétique, mécanique, architecture, peinture* et *sculpture* ; 4° enfin il n'est rien que l'homme doive plus cultiver que son entendement.

287. — Parlez de la volonté.

1° La volonté est un acte par lequel nous poursuivons le bien et fuyons le mal, en choisissant les moyens convenables ; 2° cette action est libre ; c'est ce qu'on appelle le *libre arbitre*. Le bon usage de la liberté, c'est la vertu. Il y a quatre vertus : *prudence, justice, force* et *tempérance*.

288. — Quel reproche peut-on faire à la psychologie de Bossuet ?

1° De ne parler ni de facultés ni de phénomènes ; 2° de mêler dans les opérations sensitives ce qui appartient à l'intelligence (perception et imagination) ; 3° d'avoir imaginé un sens commun, quand la conscience suffit ; 4° enfin d'avoir confondu la volonté parmi les opérations intellectuelles.

289. — Analysez la deuxième partie ?

Bossuet y examine ce que c'est que le corps organique. Il en décrit les parties extérieures et intérieures ; s'appesantit sur le cerveau et les organes des sens ; a quelques réflexions intéressantes sur le sommeil, la veille, la santé, la mort, et achève en montrant l'harmonie admirable qui existe entre toutes les parties du corps.

290. — Analysez la troisième partie.

L'âme et le corps sont naturellement unis ; ils ont une influence réciproque. Bossuet étudie en détail les effets de cette influence ; d'une part, dans les mouvements des nerfs, dans l'imagination et dans les passions qui dépendent des mouvements intérieurs ou extérieurs ; d'autre part, dans l'intelligence, dans la volonté, dans l'attention et dans le raisonnement. Il termine en disant que pour se bien connaître, il faut s'habituer à discerner, dans chaque acte, ce qui appartient à l'âme et ce qui appartient au corps.

291. — Analysez le quatrième chapitre ?

Bossuet établit l'existence de Dieu : 1° par l'argument des causes finales appliqué à l'homme : tout en effet dans l'homme atteste de l'ordre, de la proportion, des fins et des moyens appropriés à ces fins, aussi bien dans l'âme que dans le corps ; 2° par la considération des vérités éternelles que nous ne pouvons voir qu'en Dieu, parce que c'est en lui seul qu'elles subsistent ; 3° par l'idée de perfection à laquelle nous nous élevons en considérant notre imperfection. Il conclut que tout en nous sert à nous élever à Dieu.

292. — Analysez le cinquième chapitre ?

Il réfute les philosophes qui donnent le raisonnement à l'animal parce qu'il semble agir aussi bien que l'homme. Car : 1° tout se fait dans la nature avec intelligence, mais tout n'est pas intelligent pour cela ; 2° si les animaux paraissent faire bien des choses raisonnables, nous pouvons nous rendre compte que l'instinct nous en fait faire autant ; l'instinct suffit donc pour expliquer les animaux ; et il nous reste la raison qui établit entre eux et nous une différence infinie ; 3° l'animal n'invente pas, car il n'a ni réflexion ni liberté ; 4° enfin Bossuet discute l'opinion de saint Thomas, qui donne le sentiment à l'animal, et celle de Descartes qui en fait une pure machine, et, sans se prononcer, il revient sur l'excellence de la nature humaine.

BOSSUET.

TRAITÉ DES CAUSES.

293. — A quelle science appartient le traité des causes ?

A la métaphysique.

294. — Qu'est-ce qu'une cause ?

C'est ce qu'on répond quand on fait la question : *Pourquoi* ?

295. — Combien y a-t-il de causes ?

Quatre, savoir : 1° la cause efficiente ; 2° la cause finale ; 3° la cause matérielle ; 4° la cause formelle.

296. — Qu'est-ce que la cause efficiente ?

C'est celle qui fait qu'une chose existe. *Le soleil est la cause de la chaleur*.

297. — Qu'est-ce que la cause finale ?

C'est le dessein que se propose celui qui agit. Je me promène, *pour cueillir des fleurs*.

298. — Qu'est-ce que la cause matérielle ?

C'est la substance avec laquelle une chose est faite. *Une bille de marbre*.

299. — Qu'est-ce que la cause formelle ?

C'est le type que représente une chose. La *rondeur* ou la *sphère*, dans une bille de marbre.

300. — Bossuet n'ajoute-t-il pas une cinquième cause ?

C'est ce qu'il appelle la *cause exemplaire*.

301. — Qu'entend-il par cause exemplaire ?

C'est le modèle ou l'original sur lequel une chose est faite. Une figure est dans une *copie*, parce qu'elle est sur l'*original*.

302. — Qu'est-ce que les causes morales ?

Celles qui n'agissent pas immédiatement, au dehors ; exemp. : les causes formelles et exemplaires.

303. — Qu'est-ce que les causes physiques ?

Ce sont celles qui agissent immédiatement, comme la cause efficiente.

304. — A qui appartient la cause finale ?

A l'intelligence, qui peut seule agir pour une fin. Ex. d'une *flèche*, d'une *montre*, de l'*univers*.

305. — Quelle observation Bossuet fait-il sur la cause finale ?

C'est qu'elle est toujours la première dans l'intention et la dernière dans l'exécution (axiome de saint Thomas).

306. — N'y a-t-il pas de subdivisions dans la cause efficiente ?

Oui, elle se subdivise : 1° en cause *prochaine* et *lointaine* (la *meule* et le *vent* dans un moulin) ; 2° en cause *principale* et *instrumentale* (le *chirurgien* et la *lancette*) ; 3° en *première* et *seconde* (*Dieu* et *l'homme*).

307. — N'y a-t-il pas aussi des subdivisions dans la cause finale ?

Oui : 1° La fin prochaine et éloignée ; 2° la fin principale et moins principale ; 3° la fin dernière et la fin subordonnée.

308. — Qu'est-ce qui fait le mérite et la dignité des choses ?

C'est la fin pour laquelle elles sont faites. C'est ce qui fait aussi leur subordination.

309. — Quelle conclusion morale tire Bossuet ?

C'est que rien n'est bien, en dernière analyse, que par rapport à Dieu, la fin dernière.

FÉNELON

TRAITÉ DE L'EXISTENCE DE DIEU

310. — Dites un mot de Fénelon ?

Né en 1651, mort en 1715, Fénelon, archevêque de Cambrai, précepteur du duc de Bourgogne, fut une des principales gloires de la France par la beauté de son génie, aussi bien que par le charme de ses vertus. Ses principaux ouvrages sont : *Télémaque, les Dialogues sur l'éloquence, l'Education des filles*, et le traité qui va nous occuper.

311. — En combien de parties se divise-t-il ?

En deux parties, dont l'une parut en 1713 et l'autre en 1718.

312. — Quel est le sujet de la première partie ?

C'est de prouver l'existence de Dieu par l'argument dit des causes finales. Elle avait été entreprise pour ramener à la foi le duc d'Orléans.

313. — Combien de chapitres comprend-elle ?

Elle comprend trois chapitres.

314. — Que contient le premier chapitre?

La preuve de l'existence de Dieu tirée de l'aspect de l'univers, et de quatre comparaisons : l'*Iliade*, le son des instruments, une statue et un tableau ; s'il a fallu des artistes pour composer ces œuvres d'art, combien n'en faut-il pas plus pour créer le monde !

315. — Que contient le deuxième chapitre ?

La preuve de l'existence de Dieu par la considération des principales merveilles de la nature. Fénelon y passe en revue le ciel et la terre, les éléments et leurs combinaisons, les animaux et leur instinct admirable ; il s'arrête spécialement sur l'homme dont il admire successivement l'âme, le corps, les rapports de l'un et de l'autre, sa grandeur et sa bassesse, et conclut que Dieu a mis ainsi un sceau indélébile sur tous ses ouvrages.

316. — Que contient le troisième chapitre ?

Il répond aux objections des épicuriens dont Gassendi avait ressuscité les erreurs : 1° l'homme a déterminé la nature à son usage, elle n'a pas été faite pour lui; Fénélon répond qu'il s'en suivrait que tout a été fait par hasard, ce qui est contraire au bon sens; 2° le monde est une des combinaisons fortuites d'atomes qui se succèdent à l'infini; Fénélon répond qu'on pourrait en dire autant de l'Iliade, ce que personne ne croirait. Qu'il n'y a pas de succession infinie; que les atômes ne peuvent jamais s'accrocher, et que le *clinamen* d'Epicure est une chimère incapable d'expliquer la liberté. Quant aux défauts qu'on dit être dans l'univers, qui pourrait les constater, s'il ne connaît pas tout l'ouvrage. Le chapitre se termine par une prière des plus affectueuses.

317. — Quel est le sujet de la 2ᵉ partie ?

Les preuves de l'existence de Dieu, dites métaphysiques, et les attributs.

318. — Que comprend cette 2ᵉ partie ?

Elle comprend cinq chapitres.

319. — Analysez le 1ᵉʳ chapitre de la 2ᵉ partie ?

Il indique la méthode à suivre dans la recherche de la vérité. Comme Descartes, Fénelon pose en principe qu'il ne faut admettre que ce qui est évident. Y a t-il quelque chose de certain et d'évident ? Ne sommes-nous pas dans un rêve perpétuel ? Le jouet d'un être supérieur et méchant ? Et notre raison n'est-elle pas une fausse mesure des choses ? [Fénelon se répond : 1° que douter de tout, comme d'un rêve, est un état impossible ; on ne peut au moins douter de son existence *(cogito, ergo sum)* ; 2° qu'il répugne que nous soyions le jouet d'un être supérieur qui, parce qu'il est supérieur doit être bon et ne peut nous tromper ; 3° que la raison serait-elle fausse, nous serions excusables en la suivant.

320. — Analysez le 2ᵉ chapitre de la 2ᵉ partie ?

Après avoir affirmé de nouveau l'incompatibilité de la pensée et du néant, et déclaré que la raison ne consiste que dans ses idées claires, Fénélon expose les preuves métaphysiques de l'existence de Dieu, tirées de l'imperfection de l'être humain, de l'idée de l'infini, de l'être nécessaire, qui sont en effet les idées les plus claires que nous puissions avoir.

321. — Expliquez l'argument tiré de l'imperfection de l'être humain?

J'ai la conscience d'être imparfait ; or, ce qui est imparfait n'existe pas par lui-même ; il y a donc un être qui est souverainement parfait qui m'a donné l'existence.

322. — Exposez l'argument tiré de l'idée de l'infini.

Nous avons l'idée de l'infini ; or, elle ne vient ni de nous, ni d'aucune chose créée ; donc l'infini existe et se reflète en nous.

323. — Expliquez l'argument tiré de l'être nécessaire?

J'ai l'idée de l'être nécessaire ; or, cette idée renferme clairement l'existence actuelle de cet être ; donc Dieu existe. C'est l'argument de saint Anselme.

324. — Analysez le 3e chapitre de la 2e partie?

Ce chapitre contient la réfutation du panthéisme de Spinosa.

325. — Quelle est la doctrine panthéiste de Spinosa?

Il n'y a qu'une substance unique et infinie avec deux attributs essentiels, l'étendue et la pensée ; les corps ne sont que les modes de l'étendue, et les esprits, ceux de la pensée divine.

326. — Quelle est l'objection qui résulte de cette doctrine?

S'il est prouvé qu'il y a quelque chose d'infiniment parfait, il ne l'est pas que ce quelque chose soit distinct de l'universalité des êtres. Le tout restant indivisible, la séparation des parties ne serait qu'un changement de situation, sans espace réel entre elles. Ce serait une sphère infinie, avec une fécondité de natures diverses, où tout est nouveau, tout est éternel, tout est changeant, tout est immuable. Le mouvement serait interne, comme celui de l'eau devant le feu dans un vase hermétiquement fermé.

327. — Quelle est la réponse de Fénelon ?

1° Si toutes les parties changent, le tout est changeant ; or il y a quelque chose de plus parfait, c'est un tout qui ne change pas ; 2° si les parties sont identiques au tout, ou le tout est chaque partie, ou chaque partie est le tout ; dans le premier cas, le tout aura les défauts des parties ; dans le second, les parties seront immuables, éternelles, comme le tout ; 3° s'il n'y a point identité réelle entre les parties et le tout, comment peut-on en faire une unité réelle ? 4° l'être et la perfection sont une même chose ; il y aurait donc dans le tout une infinité d'êtres parfaits ; or, d'abord un seul être infiniment parfait suffit à épuiser l'idée de la perfection ; ensuite il y a des êtres dans la nature qui, ne pensant pas, ne sont pas parfaits. Enfin, seraient-ils tous pensants, qu'ils se limiteraient : ils ne sont donc pas parfaits.

328. — Analysez le 4° chapitre de la 2° partie ?

Nouvelle preuve de l'existence de Dieu tirée de la nature des idées : 1° les idées sont universelles, nécessaires, éternelles, immuables; Dieu en est la substance (théorie de Platon); donc, quand nous avons une idée, c'est Dieu qui se manifeste (Malebranche); 2º mais pourquoi les idées sont-elles imparfaites? Parce que nous sommes finis, c'est-à-dire un des degrés possibles entre le néant et la perfection; 3º comment connait-on l'individu, qui n'est pas une idée? Parce qu'étant créé, il est intelligible, ce qui suffit pour le connaître; 4º qu'est-ce enfin que cet individu? Par sa correspondance avec un degré de l'être, il entre dans les universaux; il s'en sépare par son existence actuelle ou sa réalisation. Conclusion : On voit Dieu en tout, ou pour mieux dire, c'est en lui qu'on voit toutes choses.

329. — Analysez le 5º chapitre de la 2º partie?

Ce chapitre est consacré aux attributs de Dieu, que Fénelon range sous cinq chefs : l'*unité*, la *simplicité*, l'*éternité*, l'*immutabilité*, l'*immensité* et la *science*.

330. — Comment établit-il l'unité divine?

Dieu est infini; or, deux infinis sont impossibles. Car 1º s'ils se limitent, ils ne sont pas tout-puissants; s'ils ne se limitent pas, un d'eux est inutile; 2º on ne saurait non plus admettre plusieurs infinis en divers genres; car les genres ne sont que des restrictions de l'être, et Dieu est l'être total;

4

3° prendre garde de confondre l'indéfini avec l'infini.

331. — Comment prouve-t-il la simplicité divine?

1° Dieu est parfait; or le composé est imparfait; 2° nous pouvons considérer Dieu sous plusieurs faces; mais c'est à cause de la faiblesse de notre intelligence.

332. — Comment prouve-t-il l'éternité et l'immutabilité?

1° Dieu est nécessaire; donc il a toujours la même raison d'exister; il est donc éternel et immuable; 2° il n'y a de succession que dans la créature; en Dieu il n'y a qu'un présent éternel.

333. — Comment prouve-t-il l'immensité?

Dieu est absolument, et comme cette vérité est vraie partout, Dieu est partout.

334. — Comment prouve-t-il la science divine?

1° Dieu se connaît; donc il connaît excellemment toute vérité; 2° les possibles sont en lui. Quant aux futurs conditionnels, il les voit dans la volonté qu'il avait de les faire exister, supposé que la condition à laquelle il les attachait fût arrivée.

335. — Appréciez l'œuvre de Fénelon?

Ce qui caractérise cette œuvre, c'est, outre le style, qui est toujours admirable, le talent qu'a l'auteur d'éclairer l'esprit, tout en rourrissant le cœur. Il nous montre la vérité, et il nous la fait aimer. On reconnaît facilement dans ce traité l'homme dont le pape disait, en condamnant son ouvrage quiétiste : *Il a péché par excès d'amour.*

LEIBNITZ

EXTRAITS DE LA THÉODICÉE

336. — Dites un mot de Leibnitz ?

Leibnitz (né en 1648, mort en 1716) est un des esprits les plus vastes du XVIIe siècle. Il embrassa toutes les branches des connaissances humaines et écrivit à peu près dans tous les genres. Il combattit Descartes, Locke, Bayle et Clarke, et imagina le système des monades, dont les parties les plus connues sont l'harmonie préétablie, l'optimisme et le déterminisme.

337. — Dans quel but Leibnitz a-t-il composé la *Théodicée* ?

Pour satisfaire aux difficultés élevées par Bayle, auteur du Dictionnaire historique et critique.

338. — Quel est le caractère de cet ouvrage?

Il a le caractère d'un ouvrage de controverse. Il renferme cependant beaucoup de doctrine et sert à l'intelligence du système de Leibnitz.

339. — Que signifie le mot Théodicée?

Justice de Dieu. Il s'agissait principalement de justifier la Providence divine. Plus tard, ce mot s'est donné à la partie de la philosophie qui traite de Dieu, autrefois *Théologie naturelle*.

340. — Comment l'ouvrage se divise-t-il?

Il renferme une préface et se divise en trois parties.

341. — Indiquez sommairement l'objet de la préface et de chacune de ces parties?

La préface expose l'objet et l'occasion de ce livre; la 1re partie contient l'examen du problème en général; la 2e et la 3e l'examen des objections de Bayle en particulier; c'est-à-dire la 2e, du mal moral; la 3e, du mal physique et de la liberté humaine.

342. — Comment se divise la préface?

En deux parties : la 1re contient l'examen et l'indication des principales difficultés résolues dans l'ouvrage; la 2e explique l'origine de ce même ouvrage et expose incidemment quelques points essentiels du système.

343. — Donnez quelques détails sur la 1re partie de la préface?

Leibnitz combat deux doctrines : 1° celle d'un *destin* qui, rendant toutes choses nécessaires, empêcherait toute action libre et ôterait toute responsabilité; 2° celle de la complicité de Dieu dans le péché, soit celle des scolastiques qui admettent le *concours divin*, soit celle de Descartes, qui veut que Dieu soit cause unique dans l'univers; soit celle de Hobbes, qui fait de Dieu un despote et élève sa puissance au-dessus de sa justice et de sa bonté; 3° pour réfuter ces doctrines, l'auteur distingue deux *nécessités*, une *métaphysique* et une *morale*.

344. — Donnez quelques détails sur la 2e partie de la préface?

Quant à l'origine du mal, Leibnitz annonce qu'il établira sa nature primitive, et comment Dieu a pu le permettre, sans préjudice pour sa sainteté et pour sa bonté.

Quant aux causes qui l'ont porté à composer cet ouvrage, elles sont : 1° ses conversations avec Sophie-Charlotte, reine de Prusse; 2° ses différents écrits qui l'avaient déjà mis aux prises avec Bayle. Il ajoute quelques mots sur les principes de son système et en particulier sur le principe de l'harmonie préétablie.

345. — Que contient en détail la 1re partie de l'ouvrage?

Deux choses : 1° l'exposé des difficultés générales; 2° la réfutation de ces difficultés?

346. — Quelles sont ces difficultés?

Elles sont de deux sortes : les unes naissent de la liberté de l'homme, laquelle est incompatible avec la nature divine; les autres regardent la conduite de Dieu, qui semble lui faire prendre trop de part à l'existence du mal.

347. — Quelles sont les difficultés contre la liberté?

Elles se ramènent à une seule : la certitude des *futurs contingents* (de ce qui doit arriver). L'avenir, en effet, est déterminé à l'avance : 1° par la prescience de Dieu qui est infaillible; 2° par sa providence qui a tout réglé.

348. — Quelles sont les difficultés relatives à la conduite de Dieu?

On dit : 1° que Dieu est la *cause physique* du mal, puisque tout ce qui est *substantiel* dans l'acte vient de lui; 2° qu'il en est la *cause morale*, puisque, sachant tout et agissant librement, il a dû vouloir l'acte avec ses conséquences; 3° enfin, quand Dieu ne ferait que le *permettre*, il en serait responsable.

349. — Quelles sont les réponses de Leibnitz?

Aux difficultés relatives à la conduite de Dieu, il répond par son système de l'*optimisme*; à celles qui ont trait à la liberté, par son système du *déterminisme*.

350. — Exposez la théorie de l'optimisme?

Dieu, en tant que souverainement intelligent, ne fait rien sans raison suffisante; donc il a dû créer le monde le meilleur; mais ce monde contient du mal, c'est donc que le mal est nécessaire pour que la création soit la meilleure possible.

351. — Quelles objections fait-on à l'optimisme ?

On lui oppose le mal métaphysique, le mal physique et le mal moral.

352. — Comment y répond Leibnitz ?

Le mal métaphysique est l'imperfection de la créature ; or, il est nécessaire dans n'importe quelle hypothèse. Le mal physique n'est pas voulu par Dieu, absolument parlant, mais il est voulu comme moyen ; or, le mal physique est et peut être la cause d'un très grand bien. Quant au mal moral, Dieu ne le veut d'aucune manière, mais il le permet, c'est-à-dire qu'il le laisse faire, comme conséquence de la liberté.

353. — Le concours physique ne fait-il pas encore difficulté ?

Oui, car Dieu est la cause de tout ce qui est dans un acte ; il devient donc par là même cause effective du mal.

354. — Comment Leibnitz lève-t-il cette difficulté ?

Par une comparaison : un fleuve emporte par son courant plusieurs bateaux ; ces bateaux, étant différemment chargés, vont avec une vitesse inégale. Le fleuve est donc cause de leur vitesse, mais non de l'inégalité de cette vitesse. Il en est de même de Dieu.

355. — Comment répond-il aux objections contre la liberté?

A la première, tirée de la prescience divine, il répond que dans l'entendement divin sont représentés tous les possibles, et parmi ces possibles, les futurs contingents, qui y sont représentés tels qu'ils sont, c'est-à-dire *libres*. Dieu les voit donc tels qu'ils seront avant de les admettre à l'existence.

A la deuxième, tirée de la préordination ou Providence, il répond par son système du *déterminisme*.

356. — Exposez ce système?

Il y a deux principes d'après lesquels tout existe. Le principe de *contradiction* et le principe de *raison suffisante*. Tout ce qui est en vertu du premier est nécessaire, et alors le contraire est absurde ; tout ce qui est en vertu du second est *déterminé*, mais nullement nécessité. Telles sont les actions humaines. Elles ont toutes une raison, un motif, car la liberté d'indifférence n'existe pas ; mais ce motif n'est pas nécessitant.

357. — Comment le motif peut-il déterminer sans nécessiter?

Parce que trois conditions sont suffisantes pour faire un acte libre : *l'intelligence*, la *spontanéité* et la *contingence* ; or ces conditions sont établies même dans l'hypothèse des motifs déterminants ; donc, etc. ; car l'homme sait ce qu'il fait ; il est intelligent ; il le fait de lui-même ; car, d'après le système de l'auteur (harmonie préétablie), aucune substance n'agit sur une autre substance ; enfin son acte est contingent, puisque le contraire n'est pas absurde.

358. — Que penser du déterminisme ?

Ce système soumet toutes les actions de l'homme à une raison suffisante ; mais l'expérience prouve que c'est l'homme lui-même qui fait la raison suffisante, loin de lui être soumis.

359. — Que contient la 2e partie de l'ouvrage ?

La controverse avec Bayle, savoir : 1° l'examen des 19 propositions de Bayle sur la cause morale du mal moral ; 2° la discussion de l'hypothèse manichéenne des deux principes, renouvelée par Bayle ; 3° l'examen de la question métaphysique du possible et du nécessaire ; 4° la discussion de la théorie du *décret arbitraire* ou de la création du vrai et du bien par la volonté de Dieu, et de l'opinion de Descartes sur l'origine des vérités éternelles ; 5° la discussion de l'optimisme ou du principe du meilleur.

360. — Quel est le fond de la discussion des 19 propositions ;

Le raisonnement de Bayle dans toutes ces questions consiste à dire que les *bienfaits communiqués aux créatures ne tendent qu'à leur bonheur ; Dieu ne doit donc pas permettre qu'ils servent à les rendre malheureuses.* Leibnitz répond en distinguant le principe. Les bienfaits communiqués aux créatures ont pour but le bonheur, oui ; uniquement leur bonheur, non. Dieu a plus d'une vue dans ses projets. Il n'a pas seulement que l'homme à considérer, mais l'univers. Ce qui paraît *désordre* dans la partie, est *ordre* dans le tout.

361. — Que répond Leibnitz à l'hypothèse des deux principes ?

Bayle renouvelait l'hypothèse manichéenne d'un principe bon et d'un principe mauvais, prétendant qu'elle explique parfaitement l'existence du mal. Leibnitz montre que c'est mal expliquer un phénomène que lui assigner un principe exprès. Le mal, selon lui, vient par privation ; le positif n'y entre que par concomitance.

362. — Que dit-il du nécessaire et du possible ?

Il distingue la nécessité *métaphysique* et la nécessité *morale* ; la première a lieu quand le contraire implique contradiction ; la seconde est déterminée par le principe de la sagesse et de la bonté. C'est cette dernière dont le contraire est dit *possible*.

363. — Que pense Leibnitz du décret arbitraire ?

Quelques philosophes pensent que Dieu a établi la distinction du bien et du mal, du vrai et du faux, etc., par un *décret arbitraire*; Leibnitz déclare *qu'ils déshonorent Dieu*. C'est l'entendement divin qui fait la réalité des vérités éternelles, comme c'est sa sagesse et sa justice qui font la distinction du bien et du mal.

364. — Comment Leibnitz défend-il l'optimisme?

En répondant aux objections qu'on soulève contre lui : 1° l'expérience, car le monde est plein de défauts. Mais l'expérience est impuissante, puisqu'elle ne porte que sur les parties, quand elle devrait atteindre le tout, ce qui est impossible ; 2° il ne peut y avoir un *optimisme absolu*, puisqu'il n'y a pas de créature parfaite. Mais l'univers est parfait en ce sens que la perfection est sa limite ; son développement est une progression indéfinie ; 3° alors pourquoi n'y a-t-il pas des Dieux? parce que des Dieux seraient égaux, et non pas meilleurs ; d'ailleurs l'univers est le meilleur, considéré dans son tout ; il peut ne pas l'être, considéré dans ses parties : la partie d'une belle chose n'est pas toujours belle ; 4° l'optimisme borne la puissance de Dieu, puisqu'il est ainsi obligé de faire le meilleur. Mais Dieu ne peut faire l'impossible. Limiterait-on la puissance divine en disant qu'elle ne peut faire une ligne plus courte que la ligne droite? 5° Dieu n'est pas libre, s'il est obligé de faire le meilleur. Il n'y a dans Dieu qu'une nécessité morale : le sage ne veut que le bien, est-ce à dire qu'il n'est pas libre?

365. — Que contient la 3e partie?

La 3e partie est consacrée : 1° au mal physique ; 2° à la liberté humaine et divine ; 3° aux difficultés relatives à la puissance et à la providence divines.

366. — Comment Leibnitz explique-t-il le mal physique ?

Pour lui, le mal physique est une conséquence du mal moral ou du mal métaphysique. Dans tous les cas il n'est mal qu'en apparence; c'est la condition d'un ordre plus grand.

367. — Que dit Leibnitz de la liberté humaine ?

Elle exige trois conditions : l'intelligence, la spontanéité, la contingence. L'intelligence est de deux sortes; distincte, c'est l'intelligence proprement dite ; confuse, ce sont les sens qui engendrent les passions. L'intelligence donne la liberté parfaite ; les passions sont un réel esclavage; l'homme a la spontanéité, puisqu'il a en lui le principe de ses actes; il a encore la contingence, en ce sens que le contraire de ses actes est possible. Nouvelle distinction de la nécessité morale et de la nécessité métaphysique. (Voir plus haut quest. 362).

368. — Que dit Leibnitz de la liberté divine ?

C'est la même que celle de l'homme avec cette différence qu'elle ne contient rien d'imparfait ; elle est donc infaillible ; elle choisit donc toujours le meilleur, non par une nécessité métaphysique, mais seulement par une nécessité morale. A ce propos, il discute les lois de la nature, montre qu'elles ne sont ni arbitraires, ni absolument nécessaires.

369. — Comment Leibnitz résout-il les objections tirées de la prescience et de la Providence ?

1º Puisque la liberté n'exclut ni la détermination ni la certitude, Dieu peut donc voir d'avance ce qui est déterminé ; 2º en admettant une création continue, dans le sens de dépendance, Dieu produit la créature avec ses attributs, l'homme, par conséquent, avec sa liberté ; celui-ci à son tour agit conformément à sa nature, c'est-à-dire librement.

370. — Comment finit l'ouvrage ?

Par un dialogue emprunté à Laurent Valla, composé de deux parties, la première sur la prescience divine, la seconde sur la Providence.

DESCARTES

PREMIÈRE MÉDITATION

371. — Quel est le but des *méditations* de Descartes ?

De prouver, de développer et d'éclairer quelques points des doctrines et assertions contenues dans son *discours sur la méthode*.

372. — Que contient la première ?

Les raisons pour lesquelles nous pouvons douter généralement de toutes choses et particulièrement des choses naturelles ; 1° tout ce que je sais je l'ai appris par les sens ; or les sens sont quelquefois trompeurs, donc je dois me tenir en garde contre eux ; 2° il y a des fous qui croient voir, entendre, etc., ce qui n'est certainement pas ; qui me dit que je ne suis pas dans le même état ? 3° quand je suis endormi, j'éprouve les mêmes phénomènes que quand je suis éveillé ; qui me dit que la veille n'est pas un songe continu ? 4° Si quelque chose est certain et indubitable, c'est bien l'arithmétique et la géométrie ; cependant qui me prouve que Dieu, dont j'ai l'idée, ne produit pas même en ces matières, une illusion perpétuelle !

373. — Quelle conclusion tire Descartes de ces considérations ?

Que, puisque tout est trompeur, on peut être trompé, le mieux est de mettre tout en doute pour reconstruire sur quelque vérité incontestable, l'édifice de nos connaissances.

374. — A quoi peut servir un pareil doute ?

1° Il nous délivre de toutes sortes de préjugés ; 2° il nous prépare un chemin très facile pour accoutumer notre esprit à se détacher des sens ; 3° il fait qu'il n'est pas possible que nous puissions jamais plus douter des choses que nous découvrirons ensuite être véritables.

AUTEURS GRECS

PLATON

PHÉDON.

375. — Quel est le sujet général du Phédon ?

Ce dialogue a pour sujet le récit fait par Phédon à Echécrate du dernier entretien et de la mort de Socrate. Au fond il contient les preuves de l'immortalité de l'âme, et la solution des objections qu'elle peut soulever.

376. — Quelles sont les preuves de l'immortalité de l'âme ?

Elles sont au nombre de cinq, savoir : 1° la preuve par la nature de la vertu : l'âme s'affranchit dès cette vie de l'esclavage du corps, elle en est donc indépendante ; pourquoi ne lui survivrait-elle pas ? 2° Preuve par la nature de la science : l'âme est d'autant plus savante qu'elle se sépare du corps : donc elle est indépendante ; donc elle ne meurt pas avec lui. 3° Preuve par la loi des contraires : les contraires naissent des contraires ; la vie doit donc sortir de la mort, et la vie de l'âme commence véritablement à la mort du corps. 4° Preuve par la réminiscence : les impressions sensibles éveillent dans l'âme des idées que les sens ne donnent pas ; elle les avait donc déjà ; elle préexistait donc au corps ; pourquoi ne lui survivrait-elle pas ?

5° Preuve par la simplicité de l'âme ; car la mort du corps n'est qu'une dissolution.

377. — Quelles sont les objections ?

1° L'âme n'est qu'une harmonie, une résultante des éléments corporels. 2° L'âme, tout en étant plus durable que le corps, s'épuise à la longue dans une série d'incarnations successives, et périt à la dernière.

378. — Quelles sont les réponses de Socrate ?

A la première il répond : 1° que l'harmonie est postérieure aux éléments qui la composent ; or, l'âme existait avant le corps. 2° L'harmonie de l'âme, c'est la vertu ; mais toutes les âmes sont âmes, et toutes ne sont pas vertueuses ; donc, etc. 3° L'harmonie ne commande pas aux éléments qui la constituent ; or, l'âme commande au corps. A la seconde, Socrate répond que les idées excluent leurs contraires ; la vie exclut la mort ; or, l'âme vit essentiellement ; donc elle ne meurt pas.

379. — Appréciez les preuves de l'immortalité de l'âme ?

1° La preuve tirée de la vertu et de la vérité ne paraît bonne que pour ceux qui ont cherché l'une et l'autre ; elle est sans force pour la grande majorité des âmes. 2° Les autres preuves établissent bien plus l'immortalité de la substance que celle de la personne, qui est la chose importante à prouver. Cette dernière immortalité s'établit surtout sur des arguments moraux, dont le principal est que la liberté, dont nous avons conscience, ne peut être une résultante des forces fatales de la matière ; or, la personne est essentiellement libre. Platon en a touché un mot ; mais il ne l'a pas mis en lumière.

380. — Que penser de l'hypothèse de la réminiscence ?

Rien ne la prouve, et la révélation la condamne. Si les idées nous sont acquises dans une autre vie, comment n'en avons-nous pas le souvenir ? Car la mémoire est un élément essentiel de l'âme, aussi bien que la raison qui contient ces idées.

381. — Que penser des incarnations successives ?

Elles ne se soutiennent pas non plus. Platon dit que les âmes qui n'ont pas très-bien vécu ici-bas passent dans d'autres corps pour expier leurs fautes ; mais il n'y a pas d'expiation, là où le coupable ne sait pas pourquoi il est puni ; or, on n'a aucun souvenir de l'existence passée.

382. — Que penser des âmes que Platon donne aux plantes et aux animaux ?

L'idée des âmes des plantes est insoutenable ; ce serait confondre l'âme avec la vie. Les animaux ont des sensations, des images ; on pourrait donc leur accorder une âme, à la condition qu'elle soit d'une autre nature que la nôtre (saint Thomas). Nous pensons que tout ce qui se manifeste chez les animaux n'est que le résultat de leur forme : leur forme matérielle, voilà leur âme.

AUTEURS LATINS

CICÉRON.

DES VRAIS BIENS ET DES VRAIS MAUX.

383. — Quel est le but de cet ouvrage ?

C'est d'exposer et d'apprécier la doctrine des épicuriens, des stoïciens et des péripatéticiens sur les vrais biens et les vrais maux.

384. — Sous quelle forme est cet ouvrage ?

Sous forme de dialogue. Les principaux interlocuteurs sont Torquatus, M. Caton, M. Pison et Cicéron. Il est adressé à Brutus, l'un des meurtriers de César.

385. — Quel est le plan du livre premier?

Il est divisé en deux parties distinctes : 1° critique générale de la philosophie d'Epicure ; 2° apologie du système épicurien.

386. — Comment Cicéron entre-t-il en matière ?

Il répond aux critiques qui : 1° l'accusaient de perdre son temps à philosopher; 2° lui reprochaient d'écrire en latin. Aux premiers il demande si c'est perdre son temps que de le consacrer à l'étude de la sagesse ; aux seconds il montre que la langue ne fait rien à la chose ; que, puisque, dans les autres genres de littérature, d'autres auteurs ont écrit en latin, et n'en sont pas moins goûtés, pourquoi n'en serait-il pas de même en philosophie ?

387. — Exposez la critique générale d'Epicure.

1° Ce n'est pas un physicien, car son explication du monde par les atomes, sans faire intervenir la force (l'intelligence), est insoutenable ; 2° il n'est pas astronome, lui qui donne deux pieds de diamètre au soleil ; 3° il n'est pas logicien, lui qui ne fait jamais ni définitions, ni divisions, qui ne connaît pas les syllogismes et n'admet d'autre criterium que la sensation ; 4° il n'est pas moraliste, lui qui donne le plaisir pour règle à la conduite des hommes. Ce n'est pas le plaisir que les grands hommes ont en vue, et on cherche à s'instruire par un autre motif que le plaisir.

388. — Quel est l'exposé et l'apologie de l'épicuréisme ?

Torquatus ramène à trois chefs son apologie : 1° le principe de la doctrine d'Epicure est vrai en lui-même ; 2° il se concilie avec les idées morales les plus pures ; 3° il assure le bonheur de la vie.

389. — Comment le principe d'Epicure est-il vrai en lui-même ?

Parce qu'il consiste à chercher le plaisir et à fuir la douleur. Or, ce principe est vrai, puisqu'il est inspiré par la nature : tous les animaux cherchent le plaisir et fuient la douleur. La voix de la nature, n'est-ce pas la voix de la vérité ?

390. — Comment ce principe se concilie-t-il avec les idées morales ?

Tout ce qu'il y a de plus noble dans la morale est la vertu : mais qui voudrait de la vertu si elle n'engendrait que la douleur ? C'est parce que la prudence, la tempérance, le courage et la justice, formes de la vertu, enseignent à être plus heureux qu'on les pratique. Le plaisir n'est donc pas incompatible avec elles.

391. — Comment ce principe assure-t-il le bonheur de la vie ?

Le bonheur de la vie consiste à suivre la nature, à jouir d'une félicité constante et à embellir son existence par les charmes de l'amitié ; or, en suivant le plaisir, on suit la voix de la nature ; on vit sans tristesse et sans remords ; enfin, pendant qu'on peut à peine compter quelques amis, Epicure en a rempli sa maison.

392. — Quel est le plan du second livre ?

Il est distribué en trois parties principales : 1° critique des principes de la morale épicurienne ; 2° réfutation de la même doctrine d'Epicure concernant la vertu ; 3° démonstration de la vanité du bonheur tel que l'entend Epicure.

393. — Quelle est la critique des principes de l'Epicuréisme ?

1° Le plaisir, tel que le préconise Epicure, est vague et équivoque, parce qu'il ne le définit pas ; 2° si c'est, comme on l'entend généralement, une impression qui fait tressaillir les sens d'une émotion agréable, il est, en effet, dans la nature animale; mais il y a en plus dans l'homme, la pensée de l'honnête; 3° l'honnête ne se confond pas avec le plaisir, puisque c'est par l'honnête, et les quatre vertus qui en sont les formes, que l'on combat le plaisir ; puisque les hommes ont des louanges pour ceux qui ont sacrifié le plaisir à l'honnête, et n'ont que du mépris pour ceux qui ont sacrifié l'honnête au plaisir (Lycurgue, Solon, Miltiade et Régulus).

394. — Exposez la réfutation de l'Epicuréisme par rapport à la vertu.

1° C'est calomnier la vertu que supposer qu'elle s'inspire du plaisir. Quand Torquatus provoquait un Gaulois, était-ce en vue du plaisir? Le magistrat oserait-il avouer, au tribunal, que la justice n'a d'autre mobile que l'instinct et le plaisir ; 2° L'amitié est incompatible avec la morale du plaisir. Aimer, c'est vouloir le plus grand bien à la personne aimée ; or, un pareil sentiment n'est-il pas incompatible avec le calcul, l'intérêt et le plaisir? Si Epicure a eu des amis, c'est que son caractère était meilleur que sa doctrine.

395. — Comment l'Epicuréisme ne procure-t-il pas le bonheur?

1° Le bonheur est incompatible avec le plaisir : car, pour qu'il existe, il faut qu'il soit au pouvoir du sage ; mais la douleur n'est pas en notre puissance, c'est-à-dire que, lorsqu'une impression désagréable arrive, nous ne sommes pas maîtres de nous y soustraire: qui pourrait soulager Philoctète? 2° Epicure, par ses contradictions, est une preuve vivante que le bonheur ne vient pas du plaisir; car (a) il a écrit : *Mes douleurs sont excessives, et ma joie les compense;* évidemment ce n'est pas le plaisir. (b) Il recommande à son ami les enfants de Métrodore, mort sept ans avant lui : dans quel but? ce désintéressement est-ce du plaisir? (c) Il veut que l'on célèbre chaque année son anniversaire : que lui importe, s'il n'est plus que néant? 3° Epicure fait consister dans ce cas le bonheur à ne se rappeler que ce qui est désagréable ; mais est-on maître de sa mémoire? 4° Si le bonheur de la vie se concentre dans le bonheur du corps, l'âme n'est plus qu'un accessoire ; ses plus grandes œuvres n'ont aucune importance, et c'est à tort que le genre humain les glorifie ; or, ces conséquences sont absurdes.

396. — Que conclut Cicéron de l'examen de l'Epicuréisme?

1° Que vivre, comme le veut Epicure, ce

n'est pas vivre ; 2° que bien vivre, c'est vivre avec des sentiments de fraternité, de tendresse, de bon accord et de vertu.

397. — Appréciez l'œuvre de Cicéron?

L'argumentation est serrée ; le style admirable ; la doctrine excellente. En attendant que la morale évangélique vienne montrer à l'homme le véritable but de la vie, on aime à voir le philosophe romain protester contre les doctrines énervantes du matérialisme, et continuer l'œuvre de Socrate, de Platon et de Zénon (Joly).

CICÉRON

DE LEGIBUS

398. — Quel est l'objet de cet ouvrage?

Le *De Legibus*, dont nous n'avons que les trois premiers livres sur six, développe le meilleur système de lois qu'on puisse donner aux peuples ; mais, sauf dans le premier livre, ce n'est que l'étude des lois romaines. Il est rédigé en forme d'un dialogue, dont les interlocuteurs sont Cicéron, son frère Quintus et Pomponius Atticus ; la scène se passe aux environs d'Arpinum.

399. — Quel est le caractère du premier livre des Lois?

Bien que la forme soit platonicienne, le fond en est tout stoïcien. Cicéron imite et traduit souvent un livre perdu du stoïcien Chrysippe.

400. — Comment peut on diviser ce livre?

En trois parties : 1° une *métaphysique*, qui a pour objet de rattacher le droit à la loi universelle des choses, c'est-à-dire à Dieu ; 2° une *psychologique*, qui fonde le droit sur la nature humaine et sur les nombreux rapports des hommes entre eux ; 3° une *morale*, qui s'occupe de prouver que le droit, l'honnêteté, les jugements et les sentiments moraux ne peuvent s'expliquer par l'intérêt, la convention, l'opinion, mais sont innés dans l'homme.

401. — Analysez la première partie?

1° L'idée de *droit* est étroitement liée à celle de la loi ; la loi est *écrite* ou positive ; *morale*, qui ordonne ou défend ; *universelle*, qui régit la nature. Or, la loi écrite dérive de la loi morale, et la loi morale n'est elle-même que la loi naturelle des choses, bien comprise par la raison humaine. Mais la loi universelle n'est autre chose que Dieu ; donc il y a union étroite entre l'homme soumis à des lois et Dieu qui en est le principe. L'homme et Dieu (les Dieux) ne font donc qu'une même cité, une même famille, et la conséquence est que nous devons nous respecter les uns les autres, parce que nous sommes soumis au même pouvoir paternel ; 2° Dieu, c'est l'ordre et la loi des choses ; l'homme doit réaliser dans ses actes cet ordre admirable ; cette réalisation, c'est la vertu ; la vertu n'est donc que la nature parfaite et achevée ; le droit est donc dans la nature, puisqu'il est la perfection de notre nature.

402. — Analysez la seconde partie?

1° Le droit a son fondement dans les ressemblances qui existent entre les hommes : mêmes facultés, la raison, la parole, les plus heureuses dispositions du corps et de l'âme; ils sont l'objet des attentions toutes particulières des Dieux ; 2° il a son fondement dans les rapports qui unissent les hommes et qui sont de deux sortes : rapports d'intelligence ; rapports de sensibilité ; 3° Cicéron conclut que les hommes sont nés pour l'égalité, pour la justice et pour le droit ; la loi de nature nous fait tous semblables ; la loi de notre conduite doit nous faire tous amis.

403. — Aalysez la troisième partie?

Cette partie est dirigée contre Epicure. 1° Le droit et la vertu ne sont pas fondés sur l'*intérêt* : la conscience morale distingue l'action bonne et l'action utile ; 2° le droit et la vertu ne sont pas fondés sur la *convention* : il y a des lois écrites injustes ; les décrets et les suffrages de la foule n'ont pas le pouvoir de changer la nature des choses ; 3° le droit et la vertu ne sont pas fondés sur l'*opinion* : d'abord la vertu et le bonheur de quelqu'un ne consistent pas dans l'opinion que s'en font les autres ; ensuite, pour juger une chose, nous ne devons pas chercher notre règle en dehors de cette chose, et l'honnête, comme le vrai et le beau, doit être jugé en soi; enfin la vertu doit être recherchée pour elle-même et rien ne peut la remplacer. Cicéron termine par un magnifique éloge de sa philosophie.

404. — Appréciez le premier livre du *De Legibus*?

1° Ce livre est excellent parce qu'il met en lumières trois grandes vérités : que le droit positif dépend du droit naturel ; que le droit naturel est quelque chose d'invariable et d'absolu ; que le droit a son fondement dans une idée *a priori*; c'est-à-dire, dans une notion de la raison pure; 2° on peut lui reprocher de n'avoir pas assez déterminé le sens du mot *nature* et celui du mot *loi*.

SÉNÈQUE

DE VITA BEATA

405. — Quelle est la portée de cet ouvrage?

Malgré son caractère polémique, cet ouvrage est éminemment pratique; il tend à rechercher le but de la vie, et les moyens pour le réaliser. Du reste, à l'époque impériale, la philosophie stoïcienne cesse d'être théorique, pour devenir exclusivement morale. Sénèque est plutôt un directeur de consciences qu'un philosophe spéculatif. C'est ce qui explique ce traité de la *Vie heureuse*.

406. — Comment se divise ce traité?

En quatre parties : 1° Sénèque expose la théorie stoïcienne sur le bonheur; 2° il montre que sa doctrine diffère de celle d'Epicure; 3° il la distingue également de la doctrine péripatéticienne; 4° enfin il défend la morale stoïcienne contre les objections malveillantes qui l'attaquent personnellement.

407. — Résumez la théorie du bonheur?

1° Dans la question du bonheur l'autorité du nombre est sans valeur; 2° le bonheur d'un être est ce qui convient à sa nature; or la nature de l'homme est la raison et la liberté; la liberté et la raison constituent donc le bonheur; mais le sage seul est libre et raisonnable; il est donc seul heureux, et le bonheur réside dans la vertu.

408. — En quoi cette théorie diffère-t-elle de celle d'Epicure ?

1° Le plaisir n'est ni le bonheur, puisqu'il est souvent accompagné de honte et de misère, ni un élément de bonheur, puisqu'on peut être heureux au milieu de la souffrance; 2° le plaisir et la vertu ont des caractères tout opposés : le plaisir est souvent honteux, la vertu jamais; le plaisir se cache, la vertu marche au grand jour; le plaisir est passager, variable, inconstant, la vertu est permanente, immuable, identique; 3° le plaisir est produit par les actes les plus opposés, il ne peut donc caractériser les actions de l'homme; 4° le stoïcien cherche la vertu pour lui-même; s'il rencontre parfois le plaisir, il le modère au lieu de l'accroître; 5° enfin la morale épicurienne est impuissante à former des hommes qui sachent résister à toutes les misères de la vie, et en appelant le plaisir du nom de vertu, il entretient dans le cœur de l'homme la détestable erreur qu'en se livrant à toutes les voluptés il est toujours vertueux.

409. — En quoi la doctrine de Sénèque diffère-t-elle de celle des péripatéticiens?

Les péripatéticiens confondent le plaisir et la vertu : mais 1° admettre dans le souverain bien, autre chose que l'honnêteté, c'est en altérer la pureté, et unir des principes contraires; 2° si le bonheur était constitué par la vertu et le plaisir, il dépendrait des choses extérieures, et le sage ne serait plus parfaitement ni libre, ni nécessairement heureux par la possession seule de la vertu.

410. — Quelle est la réponse que fait Sénèque aux objections qu'on lui adresse?

a. On lui objecte que la conduite des philosophes ne s'accorde pas avec leurs principes. Mais 1° ceux qui ne sont pas sages n'ont pas le droit de reprocher aux sages leurs imperfections; 2° la malveillance n'épargne pas les vertus des plus austères; 3° le philosophe est digne d'estime alors qu'il ne s'élève pas jusqu'à la perfection; car, si la théorie est parfaite, la pratique ne peut pas l'être, et il y a du mérite à faire des efforts. *b.* On reproche au sage de ne pas mépriser les choses qui, d'après lui, ne sont pas des biens. Mais 1° la sagesse ne consiste pas à les mépriser, mais à ne point s'y attacher; 2° il s'y attache si peu que, quand elles lui manquent, il n'en est pas affecté; 3° d'ailleurs il sait en user raisonnablement, et, comme il a su les acquérir honorablement, il les dispense de même, dans le sein soit de l'homme de bien, soit de celui qui veut le devenir; 4° enfin quelle différence entre le sage et celui qui ne l'est pas, au point de vue de la fortune? Le premier en est le maître, le second l'esclave; celui-ci perd tout en la perdant; celui-là ne perd rien. C'était la pensée de Socrate.

FIN

TABLE DES MATIÈRES

I. Auteurs désignés par les programmes de 1890.

	Pages.
DESCARTES. — *Discours de la méthode*	7
Les principes de la philosophie	10
MALEBRANCHE. — *De la recherche de la vérité*	13
PASCAL. — *De l'autorité en matière de philosophie*	19
De l'esprit géométrique	20
Entretien avec M. de Sacy	24
LEIBNIZ. — *Nouveaux essais sur l'entendement humain*	26
Monadologie	28
CONDILLAC. — *Traité des sensations*	36
V. COUSIN. — *Le bien*	40
XÉNOPHON. — *Mémorables*	44
PLATON. — *Le VIe livre de la République*	47
ARISTOTE. — *Éthique à Nicomaque*	58
ÉPICTÈTE. — *Manuel*	61
LUCRÈCE. — *De natura rerum*	63
CICÉRON. — *De officiis*	65
De natura Deorum	73
SÉNÈQUE. — *Lettres à Lucilius*	74

II. — SUPPLÉMENT. — Ouvrages précédemment exigés.

BOSSUET. — *De la connaissance de Dieu et de soi-même*	85
FÉNELON. — *De l'existence de Dieu*	92
LEIBNIZ. — *Extraits de Théodicée*	99
DESCARTES. — *Première méditation*	109
PLATON. — *Phédon*	111
CICÉRON. — *De Finibus*	115
De Legibus	120
SÉNÈQUE. — *De Vita Beata*	123

Librairie CROVILLE-MORANT

JOURNAL DES EXAMENS DE LA SORBONNE

PARAISSANT TOUS LES JOURS

pendant les sessions d'examens par numéros de 4 pages in-8°, et donnant les **Textes** des Compositions écrites, avec **plans**, **développements** ou **solutions**, les **versions** ou **thèmes** avec leur **traduction**, des questions posées aux **examens oraux** et les noms des **candidats reçus**.

ABONNEMENTS

BACCALAURÉAT CLASSIQUE (Lettres)

PREMIÈRE PARTIE (RHÉTORIQUE)

Un an (deux sessions), **6 fr.**, ou séparément :
Session de Juillet, **3 fr.**; session de Novembre, **3 fr.**

DEUXIÈME PARTIE : PHILOSOPHIE

Un an (3 sessions), **6 fr.**, ou séparément :
Session de Mars, **2 fr.**; Juillet, **3 fr.**; Novembre, **3 fr.**

Cette publication renferme, en outre, les textes des Compositions données dans *toutes les Facultés des départements*.

BACCALAURÉAT CLASSIQUE (Sciences)

Un an (3 sessions), **6 fr.**, ou séparément :
Session d'Avril, **2 fr.**; de Juillet, **3 fr.**; de Nov., **3 fr.**

Cette publication comprend, en outre, les Compositions données dans *toutes les Facultés des départements*.

BACCALAURÉAT MODERNE

1re PARTIE. — Un an (deux sessions), **1 fr.**, chaque session **0 fr. 50**.

2e PARTIE chaque série. — Un an (trois sessions) **1 fr. 50**, ou séparément chaque session **0 fr. 50**.

www.ingramcontent.com/pod-product-compliance
Lightning Source LLC
Chambersburg PA
CBHW060204100426
42744CB00007B/1161